# Préambule

W0311951

• Nous avons imaginé les carnets *Urgence écologique* comme des sources d'inspiration pour chacun•e d'entre nous, dans une période où l'espoir peut se tarir. Chaque carnet met en avant des personnalités d'un même métier ou secteur qui ont décidé, après avoir pris conscience des enjeux environnementaux auxquels nous sommes confronté•e•s, de s'engager. Être parent n'est pas une profession, ni un métier. Il n'est pas question non plus dans ce carnet de la transformation d'un secteur d'activité. Ni d'un nouveau manuel de bonnes pratiques à proposer en la matière.

Si *Le Monde de la parentalité face à l'urgence écologique* s'est imposé à nous, c'est que face aux crises environnementales, les enfants sont omniprésents. Ils sont l'inquiétude de parents engagés qui se perdent à imaginer le monde dans lequel vivront leurs enfants quand la température aura augmenté de 3 °C.

Ils peuvent être le renoncement de celles et ceux qui refusent de mettre des enfants dans ce monde. Ils suscitent les doutes, les questions sans réponse sur l'éducation. Quand et comment leur parler de ces sujets ? Faudrait-il leur apprendre des savoir-faire élémentaires, de cuisine, de couture, de réparation, qu'on ne maîtrise pas soi-même ? Que transmettre alors que nous avons nous-même vécu sans ces limites et parfois dans une confortable inconscience ? Ils sont le moteur de l'énergie décuplée qui pousse certains parents à agir pour réduire les effets de la catastrophe, tout en gérant la culpabilité de laisser à ces jeunes un monde qu'ils n'ont pas abîmé. Ils représentent pour d'autres l'espoir de générations futures plus raisonnables, plus raisonnées, empreintes d'une sagesse qui permettrait « une autre fin du monde ». Enfin, ils sont régulièrement la cause du sursaut des parents inconscients qui basculent face à la colère ou l'angoisse de leurs enfants. Ils sont partout, et nos émotions sont à fleur de peau quand on associe leur image à celles des crises à venir.

Jeanne Hénin est une experte des thèmes de bascule écologique. Aujourd'hui elle s'attaque à l'intime, documente et recherche tout ce que cette période crée dans nos vies. Le carnet s'est imposé à nous lors de nos échanges sur l'utilité, sur les formes de nos engagements et sur la façon de vivre notre maternité en 2025 ; elle est la marraine de ce carnet. Elle a choisi de donner la parole à des personnalités dont les sensibilités sont multiples, qui lient à leur façon parentalité et écologie. Leur expérience nourrira peut-être la vôtre.

**Ingrid Kandelman**
Créatrice de la collection

# JEANNE HÉNIN

*“Parenter est un verbe d’action communautaire.”*

Jeanne Hénin est chercheuse indépendante, elle invente et anime des ateliers et des programmes expérientiels autour du lien au vivant et de l’engagement. Elle écrit sur ces sujets, notamment sur le rôle du langage dans nos luttes et nos prises de pouvoir, et travaille avec une variété d’acteur•rice•s : jeunes, écoles, associations ou institutions.

## Je veux tenter autre chose que de ramasser des déchets sur la plage

Épisode 1, été 2023, retour des Cévennes en voiture, mes fils écoutent un podcast : une histoire d'enfants qui gagnent un concours et vont dans des îles lointaines nager avec une tortue qu'ils sauvent d'une mort certaine liée à l'ingestion de plastique. En échange, la tortue dans sa grande sagesse leur livre d'une voix chevrotante un secret qui dit à peu près ceci : « C'est vous qui allez sauver le monde, j'ai confiance en vous, merci. »

« N'importe quoi. »

Je freine, gare ma vieille carlingue sur le bas-côté et baisse le son.

Les garçons grognent,

« Oh eh remets stoplaît !

Non, merci, vous n'allez pas écouter ça. »

Je change d'épisode, je mets leur chanson préférée pour éviter tout débat, et je redémarre.

Rien ne va dans cette histoire. Nous sommes en 2023, pourquoi diable entend-on encore des histoires pour enfants qui leur déversent l'entière responsabilité de l'action ? Pourquoi placer le ramassage du plastique sur les plages au centre de l'engagement écologique des enfants ? Quelques kilomètres plus tard, quand j'ai retrouvé une capacité d'échange, nous discutons : Que pensent-ils de ce que dit la tortue ? Que pensent-ils de la crise écologique, d'où vient-elle ? Quels sont les phénomènes qui en sont la cause ? Qui vit les conséquences directes du réchauffement climatique ? Ce n'est pas la première fois que nous parlons climat, inégalités ou politique. Cet événement nous donne l'occasion de planter quelques graines et questions pour nourrir la réflexion. Dix minutes plus tard nous sommes ailleurs, c'est l'heure de goûter et la petite ne trouve plus son lapin en peluche.

Quelques mois plus tard, avec mon amie Sandrine Roudaut[1], nous inventons un mot : encoufarder (issu d'encourager et de fardeau), c'est ce qu'a fait la tortue aux enfants de l'histoire. C'est lorsqu'on félicite une personne pour son engagement envers une cause qui nous semble juste, tout en lui refilant le fardeau de l'action. C'est lorsque l'on remercie les jeunes pour leur engagement, bravo merci, j'ai confiance en votre génération, vous allez réparer le monde. C'est une action que j'ai vue souvent.



[1] Sandrine Roudaut est prospectiviste, utopiste et éditrice aux éditions La mer salée.

Une partie des messages adressés aux enfants sur le thème de la crise écologique me fait bouillir les sangs, je ne parle pas ici des messages de déni, je pense à des formes d'éducation à l'environnement qui, sous couvert de bonnes intentions, me paraissent poser les bases d'une fabrique de l'impuissance : simplification à l'extrême (pourquoi les enfants n'auraient-ils pas droit à une pensée complexe ?), focus sur des gestes minuscules sans contextualisation critique (qui produit les bouteilles en plastique que vous ramassez sur la plage ?), culpabilisation (chaque geste compte, quelle pression lorsque l'on a 6 ans et que l'on veut bien faire), ou message de terreur.

Je veux tenter autre chose avec les enfants. Je dis « les enfants » car je pense aux miens, mais aussi à ceux que j'accompagne. Depuis 2 ans, avec l'enseignante Camille Schmidt, nous menons un programme avec des collégien•ne•s de milieu urbain et nous travaillons à la construction d'une culture du lien au vivant, basée sur des expériences sensorielles, un travail de l'attention et un temps de création. Une centaine de collégien•ne•s sont déjà passé•e•s par là. Est-ce que ce type d'expérimentations peut nourrir le désir de faire partie de ce monde, et d'y être actif•ve, créateur•rice et responsable ? Est-ce qu'il peut ancrer le lien à un paysage dans les souvenirs, ne serait-ce que pour prendre note de la variété qui le compose ?



## Passer d'une approche productiviste de l'engagement écologique à une approche basée sur la relation

● Mes enfants ont aujourd'hui 12, 10 et 5 ans et sont arrivés à trois époques différentes de mon chemin. Comme pour toutes choses importantes, c'est-à-dire l'amour, la vie et la mort, je n'ai réalisé leur réalité immuable que plusieurs années après leur naissance, après quelques années à être mère. Je ne les ignorais pas au début, je vivais avec et autour d'elle et eux, leurs besoins, leurs nuits, leur lait, leur corps saucissonné dans une écharpe serrée autour de mes hanches. Mais j'ai gardé un temps l'intensité de vie dans laquelle ils avaient atterri, et j'ai continué à mener ma vie. Il fallait continuer de pousser à ma petite échelle cette bascule vers une justice écologique et sociale, tout en tenant le biberon. Ils étaient la vie physique, le flot, le monde dans lequel nous baignons. Petit à petit l'expérience d'être mère est aussi devenue un angle de pensée, d'observation et de recherche.

Mon travail autour de la crise écologique et sociale a aussi démarré les mains dans le cambouis. Agendas 21, bilans carbones, manifestations, plans d'action, convaincre le comité de direction, écrire une stratégie pour une entreprise, faire un rituel dans la forêt, offrir une pratique de *shinrin yoku*[2], avec une association s'allonger dans le mistral lors d'un *die in*[3], animer des ateliers, faire des conférences.

J'ai tenté plusieurs formes d'action liées à cette crise écologique qui ne me semblaient en rien s'exclure les unes les autres. Puisque la crise est partout, puisque ce monstre a mille formes, tentons diverses approches.

Il fallait faire, il fallait miser gros, ou alors essayer quelque chose d'oblique pour voir ce que ça donne. Il ne s'agissait pas de m'arrêter et de repenser les contours du sujet, je voulais agir, essayer. Et puis je me suis mise à penser, à ralentir, à écouter.

## La question de la parentalité face au climat est peu explorée : est-ce lié à l'invisibilisation des mères et des enfants ?



● Aujourd'hui, dans la parentalité comme dans mon travail, j'ai changé de tactique. J'ai laissé de la place, j'ai libéré du temps, j'ai nourri des liens. Sans projet au départ, en prêtant la plus grande attention possible au présent, à ce que la situation exige, à ce qui m'intéresse et me paraît une place juste pour mon action. Qu'elle soit minuscule ou qu'elle entraîne des effets directement tangibles, je n'ai pas l'orgueil de pouvoir prévoir et mesurer ses effets.

Comme un chat qui cherche où s'installer, je cherche à quel endroit mon action me paraît juste et joyeuse. Aux orties l'impact et la gloire institutionnelle, je suis dans les fourrés.

J'explore aujourd'hui trois axes :

– Le lien au vivant comme une des sources d'émerveillement, de force, de compréhension vécue de sa place au monde et aussi comme claque d'humilité : par des ateliers dehors, du *shinrin yoku*.

---

[2] Le *shinrin yoku*, ou voie de la forêt, est une pratique venue du Japon qui se développe aussi en Europe. Elle prend la forme d'une marche en forêt ou en milieu urbain dit « naturel » accompagnée par un guide.

[3] Un *die in* est une forme de manifestation dans l'espace public, où les participant•e•s s'allongent au sol pour symboliser les mort•e•s.

– La collecte des expériences intimes, personnelles de la crise écologique et sociale vécues autour de moi, que je recense, en posant un bureau dans divers endroits pour cultiver l'envie de reprendre le pouvoir[4] avec de nouveaux mots.

– L'animation d'espaces collectifs pour travailler des projets de transformation, ses engagements et une posture de contribution sincère loin du solutionnisme.

Il existe dans le paysage actuel de nombreux mouvements activistes, démarrés et activés par des parents, grands-parents, ou allié•e•s des enfants auxquels la recherche a consacré peu d'encre[5] et les médias encore moins. Or, ils émergent dans différentes géographies, sont actifs et incluent des publics variés. Un article récent de la revue Nature observe l'évolution de ces mouvements et du discours porté, qui passe de « protégeons nos enfants » dans les années 70/80 au « soin comme forme d'action militante » aujourd'hui.

Je pense par exemple à la mobilisation des aînées pour la protection du climat en Suisse, qui compte plus de 2 500 femmes âgées de 64 ans et plus[6] ! Je pense à Mothers* Rebellion[7], dont les groupes actifs au Kenya comme en Suède organisent des manifestations, et des cercles dans les rues.



Partout les enfants sont les premiers impactés par les effets de la crise climatique[8]. D'après une enquête de l'Unicef, en 2024, la scolarité de près de 250 millions d'enfants a été perturbée par les crises climatiques. C'est en Afghanistan, au Bangladesh, au Mozambique, au Pakistan et aux Philippines que l'éducation a été la plus affectée par les vagues de chaleur, les cyclones, les inondations et les tempêtes. Ces chiffres glaçants illustrent une double injustice climatique : ces catastrophes et événements extrêmes touchent les pays les

---

[4] Ce travail et les mots créés en écho aux expériences vécues des participant•e•s est en partie raconté dans le livre *Les Mots qu'il nous faut*, Éditions La Mer Salée, 2024. Cette performance participative est liée à une œuvre originale basée aux États-Unis, portée par Alicia Escott et Heidi Quante, et menée en France en dialogue avec les artistes par le Bureau des Mots, que nous déployons avec Titiane Haton.

[5] Rodela, R. « The rise of parent led climate movement from care to climate action », npj Clim. Action 3, 101 (2024).

[6] La protection du climat est un droit humain, et la Suisse a violé le droit à la protection du climat. C'est ce qu'a décidé la Cour européenne des droits de l'homme (CEDH) dans un jugement d'avril 2024, suite à une action en justice menée par l'association Les aînées pour le climat. Climat : sacrées aînées, France Inter.

[7] Mothers* Rebellion est un mouvement de mères, grands-mères, sœurs et allié•e•s qui axe son plaidoyer sur la puissance des mères et de leurs allié•e•s pour demander la justice climatique.

[8] D'après le rapport de l'UNICEF, « Crises climatiques extrêmes, mutations démographiques, inégalités liées aux avancées technologiques… en 2050, les enfants feront face à un avenir complexe », 2024.

plus exposés et les moins responsables, et les enfants sont les premiers touchés, tout en étant les moins responsables. Comment notre regard et notre attention portés aux enfants peuvent-ils évoluer ?

## S'occuper d'un·e autre est une expérience de vulnérabilité et de dépendance

● Ici, auprès des dizaines de personnes que j'ai écoutées dans des ateliers, j'observe que l'arrivée d'un enfant est souvent un moment où le souci du monde devient palpable, personnel, et donc un temps fertile pour changer en profondeur certaines convictions et modes d'actions. Alors si nous pouvons nous adresser à ces jeunes parents, peut-être peut-on en faire des alliés pour incarner des changements. Enfin, c'est aussi un moment où l'on découvre la dépendance car élever un enfant dépend aussi de l'aide d'autres, de toutes sortes d'appuis : crèche, école, animateur·rice·s, ami·e·s. C'est aussi le moment où l'on peut démarrer leur formation par la pratique à « prendre soin de l'autre ».

Parenter est un verbe d'action communautaire. Élever une génération est un sport collectif, quelle que soit la position que nous avons ou la forme de la famille, nous avons tous·tes des interactions avec des jeunes. Est-ce qu'en en parlant ensemble, nous pouvons essayer d'en tirer des savoirs qui soient aussi partagés et partageables pour accompagner les enfants ?



Comment les amener à vivre avec ces sujets, à avoir envie d'agir sur cette planète partagée, capables et conscients, joyeux et tendres avec tout ce qui vit. Un peu rebelles aussi ?

## S'accommoder des contraintes de la parentalité et des limites planétaires

● Épisode 2, janvier 2025 : ma fille danse pieds nus sur le carrelage de la cuisine, elle devrait déjà dormir, je devrais déjà avoir rendu ce travail il y a des semaines. Depuis qu'ils sont là tous les trois, il m'a fallu revoir mon jeu avec ces nouvelles cartes. Ma liberté a trouvé une autre façon de se déployer dans cette contrainte, avec l'aide des autres et leur soutien. Je mesure évidemment le privilège inhérent à ma situation et combien d'autres formes de parentalité sont plus dures à vivre. Cependant ce changement dans la perception de la liberté induit par la parentalité me renvoie aussi aux arrangements avec nos libertés qu'exige la compréhension des enjeux écologiques et sociaux.

## Le *revolutionary mothering*, un sport pour tous•tes

● Alexis Pauline Gumbs[9] parle de *revolutionary mothering* en se référant aux modes d'action et aux pratiques adoptées par des mères et militantes issues de populations minoritaires. Elle écrit : « Materner est une pratique qui peut être enseignée, une approche de la vie, tous•tes peuvent le faire, alors ce n'est pas lié au genre c'est lié à ce que vous faites : est-ce que vous nourrissez quelque chose, quelqu'un, vous-même ? Toutes ces actions pourraient être appelées materner, la maternité révolutionnaire, qui est de rendre un autre monde possible, c'est alors une pratique qui peut être apprise, non seulement accessible à tous•tes, mais qui nécessite la participation de tous•tes. » Et en entendant cette autrice dont j'admire le travail, je me demande comment nous pouvons partager, réequilibrer et honorer cette pratique capitale : s'occuper d'un enfant, d'une personne malade, d'un terrain, d'une communauté, d'une lutte.



## 10 angles différents et divergents pour aborder la parentalité sous l'angle de l'engagement écologique

● J'ai eu envie de voir comment d'autres vivent ces sujets pour nourrir ma recherche. Ce livret présente dix entretiens qui visent à tricoter les notions d'engagement, de crise écologique, et de parentalité, que l'on ait des enfants ou pas. Bien sûr j'aimerais en entendre encore des dizaines d'autres, situés dans des lieux, des époques, ou des modes de familles différents, mais en voilà déjà dix.

Ils tissent une variété de vécus qui me poussent à creuser, à tenter et à choisir de ne jamais être en paix avec ces questions, parce que cette attention vigilante est pour moi un ingrédient essentiel de notre façon d'être au monde aujourd'hui.

---

9 Alexis Pauline Gumbs est une écrivaine américaine, chercheuse indépendante, poétesse, activiste et éducatrice, elle travaille à l'intersection des études queers, féministes, écologiques et antiracistes. Dans cet extrait d'un podcast, elle se réfère au poème d'Alice Walker « Democratic Motherism ». Son dernier livre paru en France s'intitule *Non-noyées : Leçon féministes Noires apprises auprès des mammifères marines*, Les Liens qui Libèrent, 2024.

# ROB HOPKINS

*“ Essayons d’imaginer le monde que l’on rêve, avec nos sens, notre imagination, et de s’y projeter.”*

Rob Hopkins est un activiste et écrivain britannique, il a fondé le mouvement Villes en transition et son dernier livre *Et si… on libérait notre imagination pour créer le futur que nous voulons ?*, publié par Actes Sud en 2020, explore la puissance de l’imagination.

## Ma compassion est venue de la méditation, et ma rage contre l'injustice du mouvement punk

● Vers l'âge de 13 ans, j'ai découvert le mouvement punk qui m'a beaucoup influencé. Dans un album du groupe Crass, par exemple, il y avait dans la jaquette un texte sur l'industrie de la viande. Après l'avoir lu j'ai annoncé à ma mère : « Je deviens végétarien à partir d'aujourd'hui. » Et je le suis depuis ce jour-là.

Je me suis ensuite engagé dans les mouvements antinucléaires assez jeune, puis à 18 ans, je suis parti vivre 2 ans et demi dans un monastère bouddhiste tibétain en Italie. Apprendre à méditer me semblait important, comme approche complémentaire de la forme d'action politique d'opposition dans laquelle j'étais alors impliqué. Plus tard, lors d'un voyage en Inde, au Tibet, en Chine et au Pakistan, je suis tombé sur la vallée de Hunza (au Pakistan) et je me suis dit : « S'il y a un paradis sur terre, il doit ressembler à ça. » La personne avec qui je voyageais m'a dit : « Ça ? Mais ça ressemble à de la permaculture. » Une fois rentré, je me suis plongé dans le manuel de permaculture de Bill

Mollison. Il parlait de « réparation de la terre » et ce terme a vraiment changé ma perspective : quelqu'un avait écrit un livre pour expliquer comment remettre ensemble les pièces du puzzle. À partir de là, ce sujet est devenu une obsession et je me suis mis à apprendre tout ce que je pouvais sur la permaculture et l'écologie, avec un sens pratique, optimiste et constructif lié à ma perception de la permaculture et à la façon dont j'ai interprété ce mouvement.

## Ta famille est ta pratique de méditation

● Lorsque mon premier enfant est né, j'avais 24 ans, et notre compréhension des sujets environnementaux n'était pas aussi centrée sur le climat qu'aujourd'hui. Lorsque jeune père j'ai demandé des conseils à mon enseignant de méditation qui m'inspirait beaucoup, il m'a répondu : « Maintenant, ta famille est ta pratique : ta pratique de générosité, ta pratique de patience, ta pratique de gentillesse. » C'est aussi un moment où mon engagement s'est amplifié, parce que j'avais une nouvelle raison tangible pour agir. J'ai alors monté le premier diplôme de permaculture dans une université en Irlande, un cycle d'études de 2 ans. Et avec ma famille nous participions à bâtir un écovillage avec une communauté.

Mes quatre fils sont aujourd'hui adultes. Enfants, ils sont allés dans différents types d'écoles. Une petite école communautaire que nous avons créée avec d'autres parents, une école démocratique, une école alternative, ou l'école du quartier, selon les périodes, selon leurs besoins et le caractère de chacun. Dans une école démocratique, les élèves ont la possibilité de changer les règles de l'école, d'engager ou de licencier des professeur•e•s par exemple. Ils doivent le faire selon le protocole de l'école, d'abord en tenant une réunion d'école, puis en faisant une proposition écrite pour laquelle ils doivent obtenir le soutien des autres élèves. Ainsi les enfants apprennent à un jeune âge qu'ils ont le pouvoir de changer les choses pour le mieux, et qu'il ne s'agit pas que de fixer des règles qui servent ses propres intérêts mais que le changement se fait au service du bien-être des autres élèves et de l'école. Cet apprentissage-là a été une leçon de vie incroyable pour ceux de mes fils qui ont fréquenté cette école.

## Ce mode de vie sobre était notre quotidien, ils y étaient comme des poissons dans l'eau



● Quel que soit notre lieu de vie, nous avons toujours appliqué certains principes simples : une maison où l'on favorise les achats d'occasion, où l'on use avec conscience les choses, habits et objets pour les faire durer, où l'on fait pousser des légumes ou bien où on se lie à un•e producteur•rice local•e pour recevoir des paniers.

Nous les parents avons tenté de rendre tous ces choix banals, quotidiens : c'est normal d'isoler sa maison et de la rendre aussi efficace énergétiquement que possible, d'avoir des panneaux solaires sur le toit, d'utiliser le vélo par défaut. Nous avons toujours eu des conversations, des débats sur ces choix ensemble. Je n'ai pas le souvenir que l'un d'eux ait un jour dit : « Bof je ne crois pas au changement climatique, tout ça c'est bidon. » Bien sûr ils nous ont interrogés, confrontés sur certains sujets.

Quand les enfants étaient jeunes tout comme aujourd'hui, nous avons toujours pris du temps pour parler ensemble, débattre, cela me paraît capital. Je me souviens qu'enfant je m'intéressais à l'anarchie, et tous•tes les adultes que je connaissais trouvaient cette lubie ridicule. Il n'y a eu qu'un seul adulte, le père d'un ami d'école, qui m'a pris au sérieux et qui a eu une vraie conversation avec moi. Il m'a parlé d'égal à égal, nous avons élaboré des idées, échangé des points de vue. C'était la première fois que j'avais pu avoir ce type d'échanges.

Alors avec nos enfants, nous avons essayé aussi de partager ces espaces de réflexion, de chercher d'où viennent certaines idées, de donner du contexte à des informations lues sur les réseaux sociaux par exemple, omniprésents pour leur génération. On peut y lire des contenus qui cherchent vraiment à susciter l'indignation et les réactions fortes. Un de mes fils va par exemple débouler en disant : « C'est un scandale, je suis choqué, ce qui se passe en Palestine est scandaleux. » Alors nous essayons d'échanger sur le sujet. « Oui c'est terrible et vraiment choquant, est-ce que tu sais d'où vient ce conflit ? ». Nous creusons ensemble le sujet : « Comment a été créé l'État d'Israël ? Qu'y avait-il avant à cet endroit ? Comment l'histoire s'est-elle déroulée ? Que se passe-t-il aujourd'hui ? » Nous essayons de nourrir la pensée en leur donnant le contexte et l'historique des situations dont ils parlent.

Pour le sujet du climat, quand j'ai réalisé la gravité de la situation, je ne suis pas rentré à la maison en disant : « Les enfants je viens juste de découvrir l'ampleur de la catastrophe climatique. » Simplement, ce sujet est devenu à partir de ce moment-là une part importante de mon travail.

Pour nous, il était très important que les enfants aient une enfance, avec l'insouciance que cela implique. Expliquer à un enfant de 5 ans ce qui se passe quand le Gulf Stream s'arrête, cela n'apporte rien de bon ou de juste. Donc nous n'avons pas caché le sujet du climat, mais en même temps nous ne les avons pas non plus confrontés de façon disproportionnée en disant : « Tu dois comprendre cela même si tu n'as que 6 ans. »



Quand les grèves du mouvement Fridays for Future ont démarré en 2019, mon fils cadet voulait y assister, je l'y ai donc emmené. La revendication de ces manifestations était notamment d'intégrer des cours sur le changement climatique à l'école et j'ai toujours trouvé cette demande risquée. Si nous apprenons aux jeunes ces sujets, nous devons absolument leur enseigner ce qu'ils et elles peuvent faire et quelles actions sont possibles pour ne pas créer une génération d'enfants cassés.

## La prospérité pour tous·tes, ou pour personne

● Comme beaucoup j'ai à un moment traversé une sorte de nuit noire de l'âme, ce moment où l'on réalise la gravité de la crise climatique. À ce moment-là nous vivions en Irlande, et nous étions en train de construire un écovillage avec d'autres dans une zone rurale. La maison que nous construisions depuis des années a brûlé dans un incendie. Une des choses que nous avons tirées de cette expérience est un questionnement d'ordre philosophique : « Que faire si un jour nous vivons dans une communauté qui cultive et dispose de réserves alimentaires et que la ville d'à côté n'a pas de nourriture. Est-ce qu'on garde la porte close ? » À partir de cette question notre vision s'est transformée : la prospérité pour tous•tes, ou pour personne. Et nous avons décidé de diffuser tout ce que nous avions appris dans ces écolieux au reste du monde. Ces lieux étaient des sortes de laboratoires où étaient expérimentées toutes sortes de choses géniales, mais souvent entre un groupe de personnes assez homogène. Les idées de la permaculture étaient dans cette marge, dans une marge choisie en réalité. « Nous voulons changer le monde, mais nous ne voulons pas réellement le comprendre ou nous engager dans l'action avec lui. » Nous, nous voulions partager ces idées, ces solutions avec le grand public, qu'elles se diffusent rapidement pour émerger partout dans le plus de lieux possibles. C'est comme ça qu'est né le mouvement des Villes en transition[1].

## Essayons d'imaginer le monde que l'on rêve, avec nos sens, notre imagination, et de s'y projeter



● Le mouvement Villes en transition a été une expérience incroyable, et difficile à la fois. J'ai lu récemment que 30 % du $CO_2$ rejeté dans l'atmosphère a été émis depuis que nous avons démarré le mouvement. Les forces contre lesquelles nous nous battons sont beaucoup plus puissantes que le mouvement de la transition. Mais ce qu'il a permis, c'est de mettre au grand jour des centaines de récits de solutions, d'idées de ce que des individus et des collectifs peuvent réaliser, de leur donner l'occasion de tester ce que ça fait d'agir, de créer quelque chose, même une toute petite chose comme planter des arbres dans un parc. Une fois cette expérience vécue, les personnes impliquées ressentent une énergie, un élan. Et il se développe alors comme une mécanique de feedback positif et elles continuent d'agir.

---

[1] Le réseau des Villes en transition est un mouvement social qui rassemble des groupes animant dans leur commune une initiative de transition. Il y a aujourd'hui des centaines d'initiatives de transition dans une vingtaine de pays réunies dans le réseau de transition (Transition Network). La transition en question est le passage « de la dépendance au pétrole à la résilience locale ». Les populations locales sont invitées à créer un avenir meilleur et moins vulnérable devant les crises écologiques, énergétiques et économiques en agissant dès maintenant à échelle locale.

Le film « Demain »[2] a vraiment changé la sociologie des personnes qui s'intéressent à la transition et agissent en France. Nous sommes passé•e•s d'un groupe d'ancien•ne•s à des salles de cinéma remplies de jeunes. Nous étions en 2015, et certain•e•s étudiant•e•s m'ont alors partagé que ce film leur ouvrait la possibilité d'un autre récit. J'ai l'impression qu'il a ouvert une fenêtre de possibles en France, Cyril Dion a proposé une assemblée citoyenne en 2019, et Emmanuel Macron a répondu : « D'accord tenons une assemblée citoyenne et j'honorerai toutes les mesures qui en sortent. » L'assemblée a été tenue, puis Emmanuel Macron en découvrant les résultats a dit : « Non non je ne pense pas que nous puissions faire tout cela. » C'était une décision désastreuse je pense. Parce que c'était un moment où la France était ouverte à ces possibilités. Et si Emmanuel Macron avait dit alors « d'accord, nous allons mettre en œuvre ces choses que vous voyez dans le film », cela aurait pu être la graine d'une nation « Demain ».

Aujourd'hui je donne des formations sur le thème de l'imagination. J'ai l'impression que nous manquons d'histoires racontées par une diversité de personnes. Des gens qui racontent à d'autres leur expérience et impressions de ce à quoi pourrait ressembler le monde si nous réalisions cette transition. Je travaille sur un projet multimédia avec de la musique, des vidéos et des images pour donner accès à des expériences multisensorielles. Et je travaille sur ce projet avec un de mes fils.



Je souhaite à mes enfants de se vivre comme étant du bon côté de l'histoire. Je leur souhaite de trouver une façon de contribuer à la vie d'une bonne façon, ce qui dans la religion bouddhiste s'appelle des moyens de subsistance justes. Et surtout j'aimerais qu'eux et leurs enfants puissent expérimenter et vivre dans le monde que je vois dans les ateliers que j'anime, dans les peintures que nous peignons. J'aimerais qu'ils sentent qu'ils font partie de l'équipage, qu'ils ne sont pas que des passagers.

---

[2] Film documentaire de Cyril Dion qui présente des exemples concrets de projets dans divers pays, pour contribuer à réparer et lutter contre la crise écologique et sociale.

# LAELIA BENOIT

*“ Les enfants savent gérer la charge émotionnelle de l’état de la planète, pas celle de l’inaction.”*

Laelia Benoit est pédopsychiatre. À l’université de Yale, elle travaille sur l’engagement écologique des enfants et l’impact du changement climatique sur leur santé mentale ainsi que sur l’infantisme, les préjugés et les discriminations contre les enfants.

## C'est en écoutant les enfants que j'ai commencé à m'intéresser au climat

● Jeune médecin, j'ai beaucoup étudié la phobie scolaire auprès d'adolescent•e•s. C'est en les écoutant raconter leurs vécus que j'ai commencé à m'intéresser au climat. Certain•e•s me partageaient leur anxiété, les expériences passées de harcèlement, auxquelles s'ajoutait parfois un vécu d'absurdité de l'expérience quotidienne de scolarisation en lien avec l'expérience de plus en plus réelle du changement climatique.

En parallèle, à la Maison des adolescents où je travaillais, je rencontrais parfois des parents qui me partageaient leurs inquiétudes face aux comportements de leurs enfants devenus adolescent•e•s engagé•e•s : « Est-ce normal qu'il ou elle ne mange plus de viande, milite avec Extinction Rebellion[1], éteigne les lumières partout et ne veuille plus que nous partions en vacances en avion ? » On me posait la question en tant que médecin, de ce qui est normal et de ce qui est pathologique. Ce à quoi je répondais qu'on observe souvent parmi les pionnier•ère•s à l'initiative des changements une qualité de détermination pour impulser des nouvelles pratiques qui s'opposent à la norme. Être rigide c'est agaçant pour les autres, mais ce n'est pas pathologique.



## L'infantisme, ou comment ignorer les motivations environnementales des enfants

● Face aux vécus des jeunes patient•e•s et aux questions des parents, je trouvais que nous n'avions pas vraiment donné la parole aux enfants sur l'impact que le changement climatique avait sur eux et leur envie d'agir. Je suis donc allée aux États-Unis pour diriger une étude dans trois pays, États-Unis, Brésil et France, et interroger des enfants et adolescent•e•s sur leur manière de vivre ce sujet.

Quand j'ai commencé à analyser le discours autour de l'engagement des enfants et des adolescent•e•s, j'ai vu les caricatures et les préjugés dont ils et elles faisaient l'objet, et je me suis intéressée à la notion de « childism » en anglais, que j'ai ensuite traduite par « infantisme ». L'infantisme désigne exactement ce que j'observais dans mon travail quotidien : un préjugé qui

[1] Extinction Rebellion est une association de lutte contre l'effondrement écologique et le dérèglement climatique par la désobéissance civile.

rend si difficile de trouver un terrain d'entente entre la façon dont parents et enfants vivent les choses. Aborder l'infantisme comme un concept a permis de montrer qu'il s'y joue des mécanismes de domination similaires à ceux qui sont à l'œuvre pour d'autres minorités, comme le sexisme, le racisme, ou l'homophobie par exemple. Avec des groupes dominants qui souhaitent conserver le pouvoir et n'ont pas envie de perdre leurs privilèges, et où les minorités doivent s'organiser pour faire porter leurs voix.

L'infantisme, cette incapacité de notre société à entendre tout ce qu'essaient de nous dire les enfants et adolescent•e•s, m'est apparu comme un frein évident à la prise en compte de leurs préoccupations environnementales.

En 2020, la grève de Greta Thunberg avait déjà lancé une grande vague de mobilisation des jeunesses dans beaucoup de pays occidentaux. Je me suis demandé comment nous pouvions ignorer ce mouvement social de la jeunesse, sans doute le plus massif depuis celui de 1968, dans ces pays.

## Les jeunes, les femmes et les personnes à faibles revenus sont en première ligne des conséquences du changement climatique



● Sur le sujet du climat, les études réalisées dans différents pays montrent que ce sont les minorités qui sont, à juste titre, les plus inquiètes des conséquences du changement climatique : les femmes, les personnes qui ont des faibles revenus, les minorités ethniques et les jeunes (moins de 35 ans). Le point commun entre tous ces groupes, c'est qu'ils ont moins de pouvoir, tout en étant exposés au premier plan aux conséquences du changement climatique. Dès qu'il y a de l'instabilité sociale et politique, ce sont les groupes les plus susceptibles de perdre des droits. C'est une sorte de double peine, ne pas avoir de voix et en plus être les premiers impactés.

Les enfants aussi sont concernés au premier chef, ce sont eux qui vont subir le plus de conséquences et qui ont le moins de poids sur le sujet. Jusqu'à l'âge de 18 ans ils n'ont pas leur mot à dire et représentent tout de même 20,9 % de la population[2].

---

[2] En 2024 en France, 20,9 % de la population a moins de 18 ans.

## Il n'y a pas de conflit générationnel sur la question du climat

● J'ai coordonné une étude sur l'impact du changement climatique sur le bien-être et la santé mentale des enfants et adolescent•e•s[3]. Première conclusion : les enfants intéressés par le sujet peuvent ressentir de la tristesse, de la honte ou de la colère, mais cela ne les empêche pas de vivre leur vie. Il est donc essentiel d'en parler avec eux plutôt que de les surprotéger en évitant le sujet.

Deuxième conclusion : il n'existe pas de véritable conflit de générations. S'il peut y avoir une certaine rancœur envers les générations précédentes, tous les enfants et adolescent•e•s interrogé•e•s exprimaient leur envie d'agir aux côtés de leurs aîné•e•s et de bénéficier d'un soutien concret. Ils et elles veulent passer à l'action, mais manquent parfois des compétences nécessaires. Par exemple, pour installer des panneaux solaires sur le toit d'un lycée, il faut des connaissances administratives et budgétaires. Sur de tels projets, l'expérience des adultes est précieuse. J'en déduis que ce soi-disant conflit de générations est un mythe destiné à diviser – opposer « jeunes » et « vieux » pour empêcher une mobilisation commune.



## La transmission des valeurs ne se fait pas sans mots

● L'une des plus grandes sources de déception pour les adolescent•e•s est le manque d'accompagnement des adultes. Trop souvent, quand un•e jeune propose une idée, on lui dit « vas-y, fais donc », mais dès qu'il ou elle rencontre un obstacle, la réaction change : « C'est bien les ados, ça ! Pleins d'idées, mais au final, ils ne font rien. » Pourtant, ce n'est pas un manque de motivation, mais un manque de compétences adaptées. Il faut leur offrir un soutien pragmatique pour mener à bien leurs projets : « Que souhaitez-vous faire ? Mettre des panneaux solaires à l'école ? Super ! En 1 an, ce ne sera pas faisable, mais si on commence en seconde, ce sera prêt en terminale, d'accord ? »

En France, les adolescent•e•s aimeraient aussi que leurs projets aboutis soient mieux valorisés.

---

[3] À partir d'entretiens auprès de 115 enfants et adolescent•e•s de 7 à 18 ans, au Brésil, aux États-Unis et en France.

L'enquête réalisée était qualitative, sous forme d'entretiens en petits groupes de jeunes de 7 à 18 ans. Beaucoup d'enfants n'avaient pas conscience de l'intérêt de leurs parents pour l'environnement, car ces derniers ne parlent pas de la question climatique de peur de les inquiéter. Un enfant disait : « Mes parents ne sont pas du tout intéressés par le climat, on n'en parle jamais à la maison. » Il reliait les comportements de ses parents à des causes loufoques : « Mes parents sont végétariens depuis 2 ans. Je crois que c'est parce qu'ils adorent les légumes. » Ces parents appliquent un raisonnement valide : « Si je suis un bon modèle, alors mon enfant va copier mon comportement. » C'est vrai : quand on élève des enfants, ils perçoivent plus ce que l'on fait que ce que l'on dit. Néanmoins, si on n'assortit pas son comportement d'une explication, ces actions deviennent des comportements absurdes des adultes. Il n'y a alors pas de transmission de valeurs.

Les parents de notre génération ont modifié leur mode de vie pour préserver la planète, mais craignent d'inquiéter leurs enfants en leur parlant. Or, nous avons besoin de paroles pour accompagner les gestes. À défaut, ces comportements sont perçus comme aléatoires. Nous avons plus tendance à maintenir des pratiques si elles sont liées aux valeurs familiales et accompagnées d'une histoire ancrée.



## Les enfants savent gérer la charge émotionnelle de l'état de la planète, pas celle de l'inaction

● Une des peurs des parents que nous avons observée est que de petits enfants ne puissent pas gérer la charge émotionnelle de l'état de la planète. Sur ce sujet, l'étude montre des résultats rassurants pour les 7 à 10 ans. Même s'il existe une tristesse liée à la compréhension de l'état de la planète, les enfants sont très vite motivés par l'action. C'est un âge où, de par leur développement cognitif, la perception du monde est restreinte : à la famille, l'école, au quartier. C'est à cette échelle que les enfants rencontrés étaient impatients et désireux d'agir. Réaliser de simples éco-gestes leur apporte beaucoup de satisfaction. Ils ont une saveur de victoire, et nourrissent le désir d'action.

Ce qui se joue à cet âge-là, c'est de construire un socle de confiance, de plaisir et de bien-être associé à l'expérience d'un mode de vie frugal. Si la frugalité est associée à des souvenirs de bonheur, les enfants auront envie d'y revenir une fois adultes.

## L'alphabétisation émotionnelle est indispensable

• Ce n'est pas facile pour les parents actuels. S'ils ont été moins maltraités que les générations précédentes, ils n'ont pas bénéficié d'alphabétisation émotionnelle, c'est-à-dire savoir que les émotions sont toutes importantes, qu'elles soient positives ou négatives, et qu'on peut les accueillir, les identifier, les nommer. La colère et la frustration ont souvent été réprimées, la peur aussi. Il y a un risque que les parents de notre génération fassent la même chose que leurs parents : en voyant leur enfant en détresse, ils voudront éteindre l'émotion, à défaut de savoir comment la gérer. Ils éteignent l'émotion soit en distrayant l'enfant, soit en le punissant, alors qu'il faut l'accompagner pour que l'enfant apprenne à traverser ses émotions sans crainte. Lorsque l'on n'a pas appris soi-même à apprivoiser ses émotions, on ne peut l'apprendre à autrui.

Dès lors que l'on cherche à éviter toute détresse émotionnelle chez l'enfant, il y a des sujets que l'on va éviter. Le changement climatique n'est qu'un sujet difficile parmi d'autres – l'injustice, la guerre – dont on prétend souvent préserver les enfants, alors qu'on cherche surtout à éviter une discussion difficile. Une fois adulte, l'absence d'alphabétisation émotionnelle nous conduit souvent à la surconsommation, surtout en situation de solitude. La majorité des comportements de surconsommation servent de pansement émotionnel : achats impulsifs, consommation de substances, excès de loisirs ou de réseaux sociaux. Incapables d'accueillir nos émotions, nous devenons des proies faciles pour ces échappatoires. Vivre bien avec moins, c'est aussi accepter l'inconfort, comprendre que l'on ne vit pas toujours des moments de joie intense, mais que l'on peut les traverser malgré tout.



## L'exigence de clarté morale des adolescent•e•s : une chance pour dépasser nos dissonances cognitives

• À l'adolescence, on désidéalise les adultes. On prend conscience qu'ils et elles ne sont pas parfait•e•s et on peut même leur en vouloir pour cela. C'est une découverte décevante, mais elle fait partie du processus de grandir. Heureusement, un dialogue reste possible avec les jeunes sur ces questions : «Je fais ce que je peux, je fais des arbitrages dont je ne suis pas toujours satisfait•e. »

Les adultes, de leur côté, vivent avec de nombreuses dissonances cognitives. Par habitude ou par contrainte, ils et elles adoptent parfois des comportements en contradiction avec leurs valeurs profondes. À l'adolescence, on développe une compréhension de la pensée complexe et des enjeux systémiques, en réalisant que l'on fait partie d'un tout. Cette prise de conscience peut provoquer indignation et colère, notamment face aux effets d'échelle : toutes les actions n'ont pas le même poids. « Pourquoi moi, je fais bien attention à éviter l'achat d'emballages alors que les grandes corporations produisent des tonnes de plastique à la minute ? »

Paradoxalement, à cet âge, il n'y a encore que peu d'accès à la dissonance cognitive. Les adolescent•e•s recherchent une clarté morale absolue : « Si c'est la bonne action à mener, c'est que tu dois la faire, un point c'est tout. Si tu ne veux pas m'acheter de nouvelles baskets, alors toi aussi, tu n'achètes pas de nouveaux vêtements du tout. » Bien sûr, sur certains sujets, il revient aux adultes d'expliquer qu'il n'existe pas toujours de solutions binaires. Ce regard critique des adolescent•e•s sur nous, aussi dérangeant soit-il, peut être bénéfique. Il nous pousse à nous interroger : « Suis-je fier•ère de mes actions ou pas ? Est-ce un choix avec lequel je suis en accord parce que c'est le meilleur que j'ai trouvé, ou aurais-je pu faire mieux ? » Il y a, dans la capacité de nos proches à connaître nos failles et à nous challenger, un potentiel d'évolution à cultiver.



## Faire face aux vérités difficiles et aux émotions désagréables pour se tenir debout

• J'aime à me rappeler qu'en tant que société nous avons parfois fait des choix très clairs, comme montrer des réalités très douloureuses à des enfants ou adolescent•e•s. Nous avons choisi de montrer des images choquantes – je pense aux images de la Shoah par exemple – parce que transmettre une petite dose de traumatisme à nos enfants est utile quand on souhaite que des drames ne se reproduisent plus.

Il est important de ne pas vivre dans un monde d'illusions. J'ai assez peu de plans de vie pour mon fils mais je lui souhaite de voir la vie pour ce qu'elle est : très belle et aussi très dure. Et s'il y a des vérités difficiles et des émotions douloureuses, de s'autoriser à les vivre sans faire l'autruche. Pour faire des choix en conscience, face à l'impermanence de ce que nous sommes, de ce que nous avons construit et face à la fragilité de l'environnement auquel nous appartenons.

# JEAN BIRNBAUM

*“Un monde sans enfants, c’est juste un monde mort.”*

Jean Birnbaum est journaliste au journal Le Monde et essayiste. Son dernier ouvrage, paru en 2023 au Seuil, *Seuls les enfants changent le monde*, propose une réflexion personnelle et politique sur l’enfance.

## Aujourd'hui le principal moteur d'indignation politique de la jeunesse en France est l'écologie

• J'ai grandi dans une famille progressiste, un milieu très à gauche et même assez radical du côté de ma mère. S'il y avait l'idée que le capitalisme produisait la destruction, la laideur, le gâchis, et menaçait la nature, nous n'avions pas encore une réelle conscience écologique.

À l'adolescence, j'ai fait un bout de chemin avec Lutte ouvrière, une organisation très ancrée dans le mouvement ouvrier socialiste et révolutionnaire. L'anti-impérialisme, l'anticolonialisme et le féminisme étaient les luttes centrales. Il y avait certes quelques conférences sur l'écologie mais c'était un combat secondaire par rapport au « problème principal » : l'injustice, l'exploitation, le capitalisme globalisé. Sans que cela ne soit formalisé, il y avait l'idée que cette question écologique se réglerait dans un deuxième temps, « naturellement », quand le capitalisme aurait été « aboli ».

Dans l'éveil de ma conscience politique, l'écologie était donc largement absente. Récemment, en prononçant la leçon inaugurale de Sciences Po Paris, j'ai vu combien les inquiétudes de cette jeunesse-là étaient souvent du côté de l'écologie. J'ai ressenti un réel décalage : même si je suis conscient des enjeux, je ne ressens pas cette angoisse de façon aussi viscérale. 

Il y a 20 ans, pour un livre sur la transmission de l'espérance révolutionnaire[1], j'avais posé à des militant•e•s de plusieurs générations la question suivante : « Quelle a été votre première indignation politique ? » Dans les années 1930, c'était le fascisme ; dans les années 1960, le colonialisme, la guerre d'Algérie ou du Vietnam. Dans les années 1990, c'était la mondialisation marchande. Et je vois bien qu'aujourd'hui, si je reposais cette question, toute une partie de la jeunesse me dirait : « Ma première indignation, c'est l'inaction face à la catastrophe climatique. »

Comment inscrire la lutte climatique dans l'héritage des luttes militantes du XX^e siècle ?

Dans la culture politique qui m'a formé, une cause noble, c'est souvent une cause qui ne vous concerne pas directement, qui vous met en mouvement pour voler au secours d'autrui : militer contre la guerre d'Algérie, combattre

---

[1] Jean Birnbaum, *Leur jeunesse et la nôtre : L'espérance révolutionnaire au fil des générations*, Stock, 2005.

l'apartheid en Afrique du Sud, défendre les sans-papiers. L'idée de lutter contre une catastrophe qui est déjà là et qui concerne absolument toute l'humanité, je trouve cela à la fois absolument légitime, et urgent, et en même temps cela me laisse un peu désemparé car cela ne cadre pas complètement avec l'idéal de l'engagement dont j'ai hérité, qui reste situé dans un modèle à la fois altruiste et « avant-gardiste ». À partir du moment où la catastrophe écologique menace tout le monde, comment justifier que seules quelques personnes se vouent à une discipline totale et se jettent à corps perdu dans la lutte ?

## Chaque enfant vient introduire radicalement du neuf dans ce monde

● J'ai grandi auprès d'une grand-mère qui a fait preuve d'un courage incroyable pour sauver ses enfants sous l'Occupation. Cet épisode a marqué notre culture familiale. J'ai l'impression que deux évidences y coexistent, même souterrainement.

D'une part, la conscience permanente que les enfants sont menacés, que l'origine de cette menace se perd dans la nuit des temps, que cela ne va pas s'arrêter demain... et donc qu'il est totalement fou de donner la vie dans un monde si injuste, si cruel. Mais, en même temps, l'évidence solide que ce sont les enfants qui nous sauveront, que la vie est une survie dont les enfants se portent garants. Il y va d'une espérance qui est centrale dans mon livre[2] : c'est précisément dans les moments de désastre, quand l'humanité semble au bord du cataclysme, qu'il faut mettre au monde les nouveau-nés capables de le changer. Le philosophe Jacques Derrida le dit à sa manière quand il écrit : « L'enfant qui arrive reste imprévisible, il parle de lui-même comme l'origine d'un autre monde. »

Pour moi c'est une évidence physique, transmise à même la peau, en deçà des mots : non seulement cela vaut toujours le coup de mettre des enfants au monde, y compris dans le pire monde qui soit, mais ce sont ces enfants qui vont sauver le monde, qui vont nous sauver de la violence du monde, et de nous-mêmes, de nos aveuglements, de nos démissions. Derrida citait aussi Paul Celan : « Le monde est parti, je dois te porter. ». Et ce « porter » a selon



[2] Jean Birnbaum explore ce sujet dans son dernier ouvrage, *Seuls les enfants changent le monde*, Seuil, 2023. Il puise notamment dans les textes de Hannah Arendt, Georges Bernanos, Roland Barthes et Rosa Luxemburg.

moi une dimension politique, il peut fonder une autre manière de penser l'être humain dans son rapport aux autres, une attention au vivant qui ne s'arrêterait pas à soi, une écologie qui ne serait pas une égologie.

Quand j'ai eu mon premier fils, il y a 15 ans, mon deuxième il y a 11 ans et ma fille il y a 2 ans, j'avais conscience de les accueillir dans un monde terrible. C'est toujours fou, périlleux, irresponsable, d'une certaine manière, de donner la vie. Mais quelle génération a pu se dire qu'elle accueillait ses enfants dans un monde juste et pacifique ? Aujourd'hui comme il y a 15 ans, j'ai la conviction que plus le monde est violent, plus l'humanité est menacée de disparition, plus l'urgence est de donner la vie. Cette conviction relève de l'évidence héritée, d'une certitude sensible, mais aussi d'une espérance politique telle qu'Hannah Arendt l'a magnifiquement pensée. Chaque enfant introduit dans le monde quelque chose de neuf et de subversif. Chaque enfant est un « miracle qui sauve le monde ».

## La crise du désir d'enfant n'est-elle pas une crise d'espérance ?

● C'est tout l'enjeu du dialogue à la fois tendre et frontal que j'essaie d'avoir avec le mouvement No Kids[3], notamment quand il se réclame de l'écologie. 

Du strict point de vue « militant », Emmanuel Pont[4] a bien montré que renoncer à procréer ne serait guère efficace pour surmonter la catastrophe environnementale. Mais, plus largement, il me paraît évident qu'un monde sans enfants ne saurait apparaître comme un monde meilleur. Un monde sans enfants, c'est juste un monde mort.

S'il n'y a plus d'enfants, qui contemplera la nature ? Et qui défendra le combat écologique, et toutes les luttes qui se réclament de l'émancipation ? Que peuvent penser les intellectuel•le•s « radicaux chics » qui développent un discours puéro-sceptique, qu'ils ou elles se sont donné la vie à elles•eux-mêmes ? Que veut dire ce fantasme d'auto-engendrement ? Poser ces questions, c'est d'emblée constater à quel point le discours infantophobe est un infantilisme.

---

[3] Ce mouvement a démarré dans les années 1970 aux États-Unis et regroupe les personnes *childfree* (sans enfants par choix). Il s'est développé dans plusieurs pays dans les dernières décennies.

[4] Le livre d'Emmanuel Pont, *Faut-il arrêter de faire des enfants pour sauver la planète ?*, Payot, 2019, illustre aussi combien le poids écologique de l'humanité revient principalement aux pays riches ayant une faible natalité.

Bien sûr, il y a mille raisons de ne pas pouvoir ou de ne pas vouloir d'enfant. Longtemps, celles et ceux qui n'en avaient pas ont fait l'objet d'une culpabilisation très lourde, et heureusement c'est moins le cas aujourd'hui. Et si beaucoup de jeunes qui renoncent à devenir parents mettent désormais en avant l'angoisse climatique, il faut entendre leur argument. En même temps, depuis que j'ai publié mon livre, j'ai eu l'occasion de discuter avec beaucoup de jeunes couples, et j'ai le sentiment que le motif écologique, tout en leur fournissant une cause noble, venait surtout envelopper des enjeux et des inquiétudes plus profonds encore. Il y a bien sûr tout ce que les sociologues ont étudié : des motifs économiques, un désir de liberté, la volonté de préserver l'équilibre du couple, la peur d'imposer à ses enfants des névroses ou des souffrances qu'on a reçues en héritage… Mais j'y repère aussi tout un rapport à la politique et à l'espérance. Au moment du mouvement Nuit Debout, il y avait ce slogan énigmatique sur un mur de la fac de Nanterre : « Une autre fin du monde est possible. » Ces mots m'ont beaucoup frappé. Des générations de militantes et de militants se sont battues avec comme slogan « Un autre monde est possible ». Et là, une jeunesse dit quelque chose comme : « Écoutez, nous, nous n'avons plus aucun espoir dans l'avènement d'un autre monde, laissez-nous au moins choisir notre fin du monde. » Si c'est bien là le sens voulu, je peux comprendre qu'ils et elles n'aient pas envie de donner la vie.



La crise de l'enfance, c'est donc aussi, au fond, une crise de l'espérance, autrement dit un effondrement de l'avenir, ou de notre capacité à maintenir l'avenir ouvert. Si la crise écologique occupe une place importante dans cette crise de l'enfance, alors l'urgence est aussi de relancer ce combat avec, à l'horizon, non pas une pulsion nihiliste, mais une espérance de vie et même de survie. Au sens non seulement d'une vie qui se perpétue mais d'une sur-vie, une vie plus haute, plus juste, plus belle.

# SANAA SAITOULI

*“Je veux rendre l’engagement possible pour d’autres parents.”*

Sanaa Saitouli est engagée depuis plus de 20 ans dans le Val-d’Oise à Cergy, où elle œuvre à créer et faire vivre des dispositifs publics pour améliorer la vie des habitant•e•s. Elle travaille sur le lien intergénérationnel, la solidarité, la justice climatique et a co-fondé Banlieues Climat en 2022.

## La culture subsaharienne de mon père m'a transmis la conscience de l'eau

● Mon père, né en Mauritanie, était très engagé. Il avait créé l'amicale des Mauritaniens de France pour faire connaître la culture et les traditions, fédérer les Français•e•s d'origine mauritanienne et s'entraider. Toutes les réunions se faisaient chez nous, une à deux fois par semaine, l'appartement était transformé en maison de quartier et il y avait toujours du passage. Ma mère, en s'occupant de l'accueil, des repas, et de la logistique, rendait possible ces activités et la vie de famille en parallèle.

J'aime à dire que les premier•ère•s écologistes que j'ai rencontré•e•s sont mes parents. On a souvent l'image de l'écologiste comme un homme bobo blanc, mais mes parents étaient écologistes : d'abord *de facto* par leurs faibles moyens, et aussi par leur héritage culturel. Par sa culture subsaharienne, mon père avait un lien à l'eau très conscient, précis, presque spirituel. Cela se traduisait aussi par des gestes quotidiens. Pour nous 5 frères et sœurs, le bain c'était une à deux fois par semaine, et le reste du temps, nous nous lavions au gant de toilette. Il pouvait être fasciné par l'eau qui coulait du robinet, et dire : *Niama Niama*, bénédiction. Il avait une panoplie de récits imagés sur le sujet. Il nous contait par exemple que si nous voulions que les enfants « là-bas » aient de l'eau, il nous fallait économiser l'eau « ici ». Quand nous demandions pourquoi nous « ici », avions plus d'eau qu'elles et eux « là-bas », il pouvait inventer des histoires de plombier•ère•s qui ne peuvent pas faire passer des tuyaux à cause du sable. Nous avons été bercé•e•s par cette culture et par ses récits.



En Mauritanie il était professeur de littérature arabe. Arrivé en France en tant que réfugié politique, il a dû trouver du travail et aller à l'usine Peugeot. Dans cet environnement, comme beaucoup, il est tombé malade à cause des produits chimiques utilisés dans l'usine. Pendant 20 ans, il a eu des problèmes respiratoires. Plus tard, je me suis rendu compte que son environnement de travail avait contribué à sa maladie, et que la société avait normalisé le fait que nos parents tombent malade par leur travail à l'usine. Avec les trois autres fondateur•rice•s de Banlieues Climat[1], c'est le sujet de la santé de nos parents qui est à l'origine de notre association et de notre engagement environnemental.

---

[1] Banlieues Climat est une association fondée par Sanaa Saitouli, Feris Barkat, Abdelaali el Badaoui et Youssef Soukouna qui vise à fédérer, sensibiliser et inspirer les populations des quartiers populaires sur les questions environnementales et climatiques afin de faire émerger leurs voix et des projets locaux dans le débat public et de développer leur pouvoir d'agir.

## Je suis passée de jeune engagée à mère engagée

● Je suis allée pour la première fois en Mauritanie à 22 ans, pour enterrer mon père. Là j'ai vu ce dont il me parlait autrefois, les puits, l'eau par tranches de quelques heures, l'attente au robinet pour que l'eau soit claire. J'ai vu aussi le rôle du sable dans la culture, comme une adaptation à la rareté de l'eau. On peut cuisiner, se laver, se soigner avec du sable. J'y ai également vu l'absence d'organisation viable pour la collecte des déchets, le plastique au sol dans les rues. Mais j'y ai surtout vu l'ingéniosité de certaines solutions. Ces héritages culturels sont d'une grande richesse pour nous aujourd'hui, nous travaillons à les honorer et à restaurer leur dignité. Souvent nos parents n'ont pas voulu les transmettre ou les mettre en avant, mais aujourd'hui ils peuvent être une inspiration et notre rôle est de les préserver, de les transmettre. Je sais que mes filles font attention à l'eau, par respect de cette culture qui leur a été transmise. Il y a un héritage des éco-gestes qu'on peut transmettre par l'éducation.

J'ai toujours voulu des filles, mais j'ai pris mon temps. Comme j'étais très engagée, je souhaitais trouver un partenaire qui partage cela. Enceinte, j'ai continué mes activités bénévoles. En réalité, mon engagement a grandi, pris de l'ampleur, et j'ai adapté mon organisation familiale à cela. Petit à petit, j'ai mis en place une organisation avec le père de mes enfants, avec ma mère, et avec ma belle-mère. Il était important pour moi que mes enfants connaissent leurs grands-mères et qu'elles aient une place dans leur vie au quotidien. Devenir mère m'a aussi inscrite dans une histoire et un lien plus conscient aux aîné•e•s, qui me donnent des forces. J'aime prendre soin des aîné•e•s, être présent•e pour elles et eux me paraît être un devoir important pour tous•tes.



## Permettre l'action portée par les habitant•e•s

● Passer de jeune engagée à mère engagée m'a ouvert un nouveau combat politique : celui de rendre l'engagement possible pour d'autres mères. Lorsque j'organise des événements, je fais en sorte qu'il y ait un espace dédié aux enfants, pour que les mères aient une charge mentale en moins et se disent : « Mon enfant est en sécurité, donc je peux prendre cet espace pour agir, ou pour développer mon pouvoir d'agir. »

J'ai toujours été engagée. À 14 ans, j'ai créé avec des amies la première commission jeune de mon quartier, pour lutter contre les inégalités de genre. En 2007, à 17 ans, nous avons créé Agir pour réussir, une association pour lutter contre les inégalités sociales et la précarité. En 2014 je suis devenue élue chargée de la petite enfance et de la parentalité après avoir monté une liste citoyenne. J'ai vu alors à quel point la précarité sociale a un impact sur tous les aspects de la vie quotidienne, notamment sur la vie de famille. Et en même temps, j'admire la force des parents qui arrivent à créer des imaginaires magnifiques auprès des enfants. À cette époque, je travaillais à l'insertion professionnelle des familles en difficulté et à des solutions pour l'accueil des enfants quand les parents travaillent. Ensuite, j'ai eu envie d'utiliser la puissance de ces espaces pour accompagner l'émancipation sur le sujet du climat et de l'environnement.

## Outiller les parents des quartiers populaires sur les questions environnementales

● En 2022, à quatre, nous fondons Banlieues Climat. Et depuis 2 ans l'association propose des formations reconnues par l'État pour accompagner les jeunes de 16 à 25 ans sur la transition écologique. Plusieurs centaines de jeunes ont été sensibilisé•e•s en France, avec des formats qui visent à créer du savoir – comprendre l'enjeu des particules fines, décrypter les conclusions des rapports du GIEC, etc. – et aussi de la confiance pour ouvrir une possibilité d'émancipation et parfois un chemin vers les métiers de la transition écologique. Il s'agit de former concrètement, de montrer que l'écologie est aussi populaire, que la question de la santé est centrale, d'informer sur les injustices environnementales, comme celle de la qualité de l'air – chaque année plus de 40 000 morts[2] en France sont dues à une mauvaise qualité de l'air, avec une exposition bien plus forte dans les quartiers populaires. Pourquoi la santé des habitant•e•s de ces quartiers aurait-elle moins de valeur que celle des autres Français•es ? Il y a des injustices environnementales à combattre ensemble.

Aujourd'hui nous travaillons à la première formation parentale, pour outiller les parents. En décembre, nous avons réuni une soixantaine de mères de toute la France. Le matin, elles ont visité le Palais de Tokyo, – l'accès à la



[2] Selon une étude de Santé publique France, la pollution de l'air a été responsable de 40 000 décès chaque année sur la période 2016-2019.

culture nous paraît primordial pour accompagner le cheminement, l'éveil – les enfants d'un côté, les mères de l'autre. Puis l'après-midi, la formation. Ce projet pilote nous a permis d'évoquer entre femmes des thématiques comme l'écoféminisme ou les violences de genre, et de créer un espace de sororité qui a vraiment fonctionné. L'après-midi, nous avons fait intervenir des scientifiques et, en parallèle, des équipes de Banlieues Climat avaient mis en place des ateliers pour les enfants. Puis il y a eu des moments de restitution ensemble, très forts. Certain•e•s jeunes formateur•rice•s de Banlieues Climat sont venu•e•s avec leur mère, et pour beaucoup c'était l'occasion de réfléchir et de chercher pour la première fois des solutions à ce sujet, ensemble, la mère et l'enfant. Les intervenantes de l'après-midi ont partagé les constats et les faits, mais aussi leur approche en tant que mère. Nous en avons tiré des apprentissages :

– l'une conseillait de continuer de travailler à transformer la société du mieux qu'on peut mais aussi de se préparer au pire, parce que si on continue comme ça, c'est le pire qui va arriver ; une autre alertait sur l'urgence de changer nos pratiques pour ne pas devenir les criminelles de nos foyers : en arrêtant de cuisiner des produits nocifs comme le thon pollué au mercure par exemple ;

– toutes s'accordaient sur le périmètre nécessaire de l'action : honorer nos responsabilités. Quand on décide d'être maman, ou papa, on choisit aussi de travailler à s'adapter au monde qui vient et d'agir avec courage pour qu'il soit le meilleur possible. 

En 2025, nous allons déployer cette formation parentale, outiller aussi des pères puis des duos de parents pour accompagner leur prise de conscience sur le contexte climatique. Ce sont des moments intenses mais accompagnés aussi de soin pour une transition douce. C'est important d'accueillir, de ne pas rejeter, je vois bien comme il est rapide et facile de créer des clans : entre les vegan et les autres par exemple. Il faut y aller doucement, nous échangeons beaucoup avec les familles : « Si tu veux manger de la viande, fais attention à son origine et à l'élevage de l'animal, une à deux fois par semaine, pas tous les jours. » Et petit à petit, on installe de nouvelles habitudes.

Contrairement à ce qu'on m'avait prédit, devenir mère a décuplé mon énergie, mon envie de comprendre, je suis assoiffée de connaissances, et j'ai besoin de transmettre. Et en même temps que l'angoisse liée à la crise climatique et sociale, s'est installée une fissure d'espoir qui me pousse à continuer et à penser qu'il va y avoir un miracle si tout le monde s'investit. Je nourris cette fissure avec soin.

# THOMAS BRAIL

*“Quand le cœur dit d’y aller, rien ne l’arrête.”*

Thomas Brail est grimpeur-arboriste engagé, conférencier, et il milite pour la survie et la protection des arbres. Il est également créateur du GNSA (Groupe National de Surveillance des Arbres) et joue dans le spectacle *Éloge de la forêt*.

## Mon engagement s'est tourné vers l'extérieur pour défendre les platanes de mon village

Petit j'étais souvent dehors, nous étions à cinq kilomètres du premier village et, longtemps sans mobylette, je ne pouvais pas rejoindre mes ami•e•s. Alors, je me suis inventé un imaginaire dans la forêt. J'allais construire des cabanes, je partais vers les ruisseaux, les rochers. Ces expériences et ce temps long ont construit mon univers et cet endroit est devenu mon milieu.

S'il est présent depuis toujours, mon engagement s'est transformé avec une action que j'ai menée à Mazamet en 2019. J'avais travaillé 10 ans dans les équipes de la ville avant de créer mon activité, quand j'ai appris que la mairie voulait abattre neuf platanes âgés d'une centaine d'années. Cela m'a fait un choc, je connaissais ces arbres, ils n'étaient pas malades, ils étaient grands, majestueux, à l'aplomb de la route. Ils jouaient pleinement leur rôle d'ornement, de lutte contre la pollution, et d'oxygénation. J'ai alors rencontré le maire, pour lui expliquer que ces abattages n'étaient ni nécessaires ni utiles. Naïvement peut-être, je pensais qu'une fois que nous aurions eu cet échange, il comprendrait qu'il n'y avait aucune raison objective de tuer ces arbres. Cela n'a pas été le cas : s'il a tenté de me rassurer, il n'a rien fait pour arrêter ce projet. Alors j'ai grimpé et j'ai passé trois jours accroché dans un platane. Sur neuf arbres promis à l'abattage, la mairie en a finalement coupé deux, sept sont donc toujours en vie.



## Il faut donner de l'ampleur à l'alerte

Cet évènement a été médiatisé, et je suis ensuite intervenu dans d'autres endroits de la région, appelé par des riverain•e•s. Je suis resté près d'un mois dans le Gers, à Condom, où des arbres devaient être abattus sur la place. Tous les jours, nous allions expliquer la situation, en sous-préfecture, à la mairie, encore et encore. Parallèlement, je me suis mis à filmer, à faire des vidéos, et à les relayer sur les réseaux sociaux. Documenter la réalité des situations que nous vivions était nécessaire pour alerter, pour informer, pour archiver. C'est aujourd'hui le mode d'action du GNSA[1], de tendre son téléphone et de lancer

---

[1] Le Groupe National de Surveillance des Arbres est une association apolitique de protection des arbres, en tant qu'éléments fondamentaux et essentiels des écosystèmes, dans leur pluralité d'implantation et en tant que supports d'habitats d'espèces protégées et/ou menacées d'extinction.

l'alerte grâce à nos relais locaux pour donner une résonance nationale aux luttes de terrain. Et cela a un impact considérable.

À Condom, je n'arrivais pas à être reçu par le maire. Je suis alors parti m'accrocher 28 jours devant le ministère de la Transition écologique à Paris pour informer Madame Borne, alors ministre, qu'il n'y avait aucun cadre légal qui autorisait ces coupes et qu'un article de loi n'était pas respecté[2]. À ce moment-là, notre lutte est devenue visible au niveau national.

En 2020, nous avons créé le GNSA à la suite d'un collectif d'initiative citoyenne. Nous œuvrons pour la protection des arbres, face à l'abattage non justifié de nombre d'entre eux chaque année et à l'incompréhension des citoyen•ne•s et des mouvements de protestation locaux. Il y avait un vrai vide associatif sur le sujet et un besoin de soutiens, de relais. Ensuite j'ai simplement mis ma profession – le fait de savoir grimper dans les arbres – au profit de la lutte.

En 2022, j'ai grimpé dans un platane près de la tour Eiffel pour alerter sur la coupe d'une quarantaine d'arbres près de là. À l'été 2023 nous sommes resté•e•s longtemps accroché•e•s dans des platanes sur le tracé de l'A69[3], c'est une méthode juste et pacifiste. Mon fils se lève tous les matins avec des yeux grands ouverts sur le monde, je veux qu'il puisse continuer à s'émerveiller alors j'agis pour préserver ce monde végétal.



## Si je ne montais pas dans cet arbre, c'était comme abandonner l'avenir de notre enfant

● Longtemps, je n'ai pas voulu d'enfants, je ne me reconnaissais pas dans la manière que nous humain•e•s avons de fonctionner sur cette planète. Un jour, j'ai rencontré quelqu'un, et nous avons eu un fils. Son arrivée a bouleversé mon rapport à la vie. Dès qu'il est né j'ai ressenti cette chose étrange, comme s'il m'avait manqué avant, sans que je ne le sache à ce moment-là.

---

[2] D'après l'article L350-3 du Code de l'environnement, l'abattage d'arbres d'alignement en bonne santé est interdit. Selon la doctrine, « le fait d'abattre ou de porter atteinte à un arbre ou de compromettre la conservation ou de modifier radicalement l'aspect d'un ou de plusieurs arbres d'une allée ou d'un alignement d'arbres est interdit pour des arbres en bonne santé. »

[3] Le projet de l'A69 vise à construire une autoroute à péage entre Toulouse et Castres. Ce tronçon nécessiterait l'abattage de milliers d'arbres, et la bétonisation de près de 400 hectares de terres agricoles et d'espaces boisés.

Avant de partir m'accrocher 28 jours à un arbre devant le ministère de la Transition écologique, j'ai dit à mon ex-compagne : « Si je ne le fais pas, personne ne le fera. » Cette phrase peut paraître prétentieuse, mais je ressentais profondément cette action comme un devoir. Je voyais un parallèle, un lien : si je ne montais pas dans cet arbre, c'était comme abandonner l'avenir de notre enfant et celui de tous les enfants.

Mon fils a 7 ans aujourd'hui et je ne lui parle pas souvent de mes luttes. Nous allons parfois marcher avec les chiens, dans la forêt, où il y a un rocher que nous aimons très haut dans la montagne, avec un point de vue exceptionnel sur la vallée. Là, nous parlons de ce qu'il a sous les yeux, du soin à y apporter, il connaît le rôle fondamental des arbres. Parfois je lui apprends le nom des essences, il écoute un peu puis il passe à autre chose, il a la vie d'un garçon de son âge. Je n'ai pas avec lui de discours quotidien sur les problématiques environnementales, sur l'état de la planète, je ne veux pas qu'il grandisse dans la psychose ou l'angoisse. Mon action m'appartient, et je ne veux pas qu'il ait à la porter, je ne l'emmène pas dans des conférences. Il apprendra bien assez tôt ce que fait son père et je n'ai pas envie de le dégoûter de lutter ou de prendre soin de son environnement, en le sur-sollicitant sur le sujet.



Son sujet à lui c'est l'insouciance. Je le laisse grandir, profiter pleinement de la vie et des beaux moments comme je l'ai fait petit. Quand je suis parti m'accrocher longtemps pour la première fois, en 2019, il avait 2 ans. Depuis, j'ai fait plusieurs actions pour lutter contre l'abattage d'arbres, comme sur le projet de l'A69. Et lorsque, pour cette action à l'été 2023, je suis allé jusqu'à la grève de la faim et de la soif[4], il n'a pas été informé, nous l'avons tenu à l'abri de ça. C'est une volonté claire et active de notre part.

## C'est notre rôle de parent de faire le maximum pour que les choses changent

Nous avons une très grande responsabilité face aux enfants qui vivent là dans ce monde, ce ne sont pas eux, en arrivant sur la planète, qui ont mis le bazar. C'est donc à nous de réparer les erreurs que nous avons faites. C'est un

---

[4] Pour alerter sur la destruction du vivant que causerait le projet de l'A69, en 2023, Thomas Brail est resté accroché plusieurs semaines avec d'autres grimpeur·se·s dans les platanes sur le tracé prévu de l'autoroute et à Paris boulevard Saint-Germain, face au ministère de la Transition écologique. Il a mené une grève de la faim sur plus de 40 jours, exigeant l'arrêt des travaux et un moratoire sur le projet.

peu trop facile de dire à la nouvelle génération « à vous d'agir et faites attention à la planète ». Ma responsabilité en tant que parent est de faire le maximum pour que les choses changent pour le mieux ; c'est normal, c'est cela prendre soin de nos enfants. Il ne s'agit pas d'attendre des autres qu'elles et ils se mobilisent, nous devons tous•tes prendre les choses en main. C'est ce que j'essaie de faire, en tout cas à mon échelle.

## Enseigner des savoir-faire quotidiens issus du lien à la terre

● Aujourd'hui nous avons un potager, nous cuisinons, je mets en œuvre ce que mes grands-parents m'ont appris à cultiver quand j'allais en vacances chez eux. Des choses qui sont là depuis la nuit des temps, qu'on a parfois oubliées et qu'on ne fait plus aujourd'hui. Des savoirs qui ont sauté une génération parce que mes parents étaient dans l'époque des Trente Glorieuses – enfin des Trente Infernales devrions nous peut-être dire. Mon fils sait reconnaître les légumes, nous faisons des conserves. L'été il va dans le potager le matin, il mange des framboises. Pour moi, c'est la plus belle image.



Savoir cultiver pour se nourrir, c'est se baisser, c'est avoir mal au dos, et quelques mois après, récolter les fruits de son mal de dos. C'est ça aussi qui est intéressant à vivre et à comprendre. Ce sont des choses vécues, et c'est ce vécu qui imprime le disque dur. Je pense que ce savoir engrammé, lié à des savoir-faire, est essentiel. Moi, j'ai retrouvé ces réflexes en devenant parent, en piochant dans les souvenirs avec mes grands-parents. Comment ils semaient les haricots, plantaient les pommes de terre.

J'ai croisé beaucoup de jeunes qui n'ont pas de désir d'enfants, des jeunes femmes et des jeunes hommes aussi, et qui lient cela à la crise écologique. Je pense qu'il y a d'autres facteurs liés, comme la manière dont évoluent nos politiques, dont nos dirigeant•e•s se comportent, leur incapacité volontaire à ne pas résoudre des problèmes ou des conflits.

Quand j'entends le président de la République qui parle de « réarmement démographique[5] », j'ai peur. Nous ne faisons pas d'enfants pour que ce soit de la chair à canon, ce sont des termes répréhensibles. Il ne faut pas s'étonner si

[5] Mots prononcés par Emmanuel Macron le 17 janvier 2024 lors d'une conférence de presse tenue à l'Élysée.

la nouvelle génération n'a pas envie d'avoir d'enfants avec des politiques qui osent tenir des discours pareils. Voir et entendre tout cela a un impact, et nous ne pouvons pas leur en vouloir.

## Oser l'engagement, en bas de chez soi

● Est-ce que j'aurais eu cet engagement écologique sans l'arrivée de mon fils ? Oui, je pense. Peut-être serais-je allé en Amazonie pour défendre les forêts avec les peuples autochtones. Et j'y aurais peut-être laissé ma vie, comme tant d'autres qui défendent le vivant là-bas dans un contexte très violent. Mais voilà, maintenant, mon fils est là et il m'oblige. C'est aussi le rôle d'un papa de ne pas démissionner quand il y a un péril sur l'avenir d'une génération. Et c'est parce qu'il y a une urgence que je ne suis pas démissionnaire et que je me bouge encore plus.

Aujourd'hui j'agis aussi par l'art, avec le spectacle *Éloge de la forêt*[6]. Pour moi l'enjeu n'est plus celui du savoir, de la connaissance mais celui de l'engagement et de la mise en action. C'est ça, se réveiller. Nous n'avons pas besoin d'aller sur des luttes qui sont loin de chez nous. En bas de chez soi, dans son quartier, il y a une lutte qui est là.

Je serais heureux que d'autres aient envie de consacrer du temps à des actions, d'apporter leur pierre à l'édifice. Certes, il y a des associations très actives, mais les bénévoles dans les associations ce sont souvent des femmes engagées qui aimeraient peut-être, le soir, s'installer les pieds devant le canapé, se reposer et souffler. Il nous faut des relais, n'attendons pas que les autres agissent à notre place. Ce n'est plus possible, et c'est un peu trop facile.

À celles et ceux qui ont peur des gardes à vue, du conflit, je dirais que la seule peur que vous devez avoir est celle du mur qui nous attend demain si vous ne faites rien aujourd'hui. Nous avons tous•tes du courage, mettons-le à l'emploi. L'étymologie du mot courage, c'est le cœur. Donc, peut-être faut-il remettre son cœur en marche, reprendre le dessus sur son mental et y aller. Quand le cœur dit d'y aller, rien ne l'arrête.



---

6 Spectacle développé avec Patrick Scheyder qui a initié le mouvement de l'écologie culturelle, avec plus d'une dizaine de maisons de l'écologie culturelle en France réparties sur le territoire, où se jouent des pièces, se tiennent des expositions, et des festivals culturels locaux en lien avec l'écologie.

# CLARA GEORGES

*“Ce monde sera celui de nos enfants et ils sauront mieux que nous faire avec.”*

Journaliste, Clara Georges aime concilier l’écriture intime et l’enquête. Pour Le Monde, elle écrit entre autres sur la parentalité avec une newsletter hebdomadaire (50 000 abonnés) et une chronique, intitulées darons-daronnes.

## Le fait d'avoir un enfant m'a projetée dans tout autre chose

● Je suis née, j'ai grandi et vécu à Paris presque toute ma vie. Enfant urbaine je passais toutes mes vacances dans un coin très rural dans l'est de la France. Avoir la possibilité de passer du temps là-bas m'a donné la chance d'avoir un rapport à la nature que beaucoup d'urbain•e•s n'ont pas.

Pour moi la prise de conscience écologique n'a pas été brutale, c'est avec le temps que je me suis sentie de plus en plus accablée par l'impression de participer à quelque chose de destructeur. Ce sentiment s'est accéléré en devenant mère. Avant la naissance de ma fille aînée en 2015, je ne pensais pas au réchauffement climatique de manière quotidienne et je n'avais pas l'impression de quelque chose d'irréversible. C'est le fait d'avoir un enfant qui m'a projetée dans tout autre chose. Je m'interrogeais sur la vie qu'elle pourrait mener, sur les portes qui se refermeraient sur elle, sur les choses qu'elle allait devoir affronter.

Une préoccupation revenait : allait-elle vivre moins bien que nous, notamment à cause de la crise écologique ? J'avais lu dans un sondage paru en France en 2019 que seuls 3 %[1] des parents pensent que leurs enfants vivront mieux qu'elles et eux. Cela m'a frappé et j'ai ressenti de l'impuissance.



## Le rapport à la consommation est un pilier de la transformation individuelle

● En 2018, j'ai écrit un papier nommé « Comment j'ai opéré ma transition écologique ». À ce moment, j'ai eu l'occasion d'inviter Julien Vidal[2] chez moi pour passer en revue les gestes du quotidien. J'ai gardé de cette expérience de vraies habitudes : avoir un mitigeur pour diminuer la consommation, ne pas mettre le four à préchauffer, ne pas laisser couler l'eau quand je fais la vaisselle, faire sa lessive maison, utiliser des brosses à dents dont on peut changer la tête, jamais de cotons démaquillants. Ces petits gestes, je ne suis pas sûre qu'ils changent grand-chose mais ils me permettent un tout petit peu de supporter le poids de l'urgence environnementale au quotidien.

---

[1] C'est ce que souligne un sondage réalisé pour la société La faireparterie en 2019 par l'institut GECE auprès de 1 000 jeunes parents dont les enfants sont âgés de 6 à 18 ans.

[2] Auteur de *Ça commence par moi*, Seuil, 2018.

Ma fille est très assidue dans les petits gestes du quotidien, le tri et se pose la question de gâcher ou pas. Les choses viennent beaucoup de l'école, et peuvent être amenées avec joie : « Super c'est la semaine des déchets ! » Elle construit des récupérateurs à déchets et nous explique ce qui va où, dans quelle poubelle. Je veille aussi à éviter que nos activités ensemble avec les enfants ne relèvent de la consommation, ce qui nous a toujours plu, c'est de se promener à Paris. Si les enfants traînent les pieds au début, je reste convaincue que le pouvoir d'être bien dans son environnement, y compris urbain, ça joue.

Adolescente, je me suis construite avec les vêtements, et je trouverais cela triste que la découverte de soi par la mode, avec des pièces qui peuvent devenir des sortes de doudous ne soit plus possible. Est-ce qu'avoir un lien et une relation aux vêtements ne peut pas justement nous engager dans un rapport moins extractif à la mode ? Alors, avec ma fille aînée de 10 ans, nous temporisons : elle s'approprie certains codes de féminité avec des vêtements fétiches, et nous sommes attentif•ve•s. Nous n'achetons pas sans réfléchir et lui expliquons que lorsqu'on désire quelque chose, le plaisir de l'attente augmente la satisfaction.

Quant à moi, je suis devenue obsessionnelle de Vinted – dont je connais parfaitement les limites – c'est là le palliatif que j'ai trouvé à la consommation. J'achète très peu de vêtements neufs.



## Trouver comment parler de la crise écologique sans transmettre ses angoisses

● Une des choses les plus difficiles dans la parentalité pour moi est de savoir comment parler de la crise écologique. Je n'ai pas du tout envie que ma fille aînée vive avec une angoisse qui la terrasse alors qu'elle n'est même pas adolescente. Pour moi-même, je trouve cette angoisse écrasante. Les jours où je me dis que nous n'y arriverons pas, j'évite le sujet avec elle. Les jours où ça va, nous lui parlons de sobriété. Nous lui disons qu'il y a des gens qui agissent. J'aimerais que nos enfants ne se sentent pas impuissants comme nous, et je ne veux pas faire peser sur eux toute l'action. Alors nous essayons de leur dire de manière un peu enjouée et positive qu'ils peuvent jouer un rôle sur une terre qui est la nôtre et aussi celle d'autres êtres vivants.

Mes parents ne m'auraient jamais dit ça. C'est une réelle rupture par rapport à mon cadre familial plutôt porteur d'indifférence sur ces sujets, et d'une autre vision de la consommation, liée à un héritage de la période d'après-guerre. Nés pendant la Seconde Guerre mondiale, mes parents ont grandi à l'ère du tout-jetable, ils ont découvert les bienfaits de la mondialisation et en ont profité. La viande aussi était un acquis de l'après-guerre : on pouvait manger de la viande donc on le faisait.

## Les lectures des enfants : non aux histoires culpabilisantes et larmoyantes

● Dans l'édition jeunesse, beaucoup de livres parlent de la question climatique. Et souvent, ils ne sont pas à la hauteur : larmoyants, culpabilisants, avec un personnage de petit nuage qui essaie désespérément de respirer. Je crois qu'on ne peut pas s'y prendre comme ça. Il y a même des livres que je mets de côté pour que mes enfants ne les lisent pas. J'ai l'impression d'une réelle tendance à la moralisation, notamment dans la thématique du climat et c'est catastrophique.

Une autre approche me paraît plus fertile : il existe des livres qui abordent la question du vivant avec poésie, avec des contes, et une approche beaucoup moins dogmatique. Des livres autour du rapport que nous avons aux arbres, des sortes d'encyclopédies du vivant joyeuses, comme le livre de Tahar Ben Jelloun, *Les Arbres racontés aux enfants*[3].

Et pourtant, il y a encore du chemin. Ma fille a reçu un magazine jeunesse sur le voyage, avec en couverture, un avion : que faire avec ça ? Nous ne pouvons pas continuer à représenter les voyages avec des avions. Mais je suis convaincue que ce sont des choses qui vont changer, et bientôt nous verrons d'autres imaginaires dans les livres d'enfants.

## L'arrivée d'événements extrêmes, si elle renforce les craintes, peut aussi permettre d'embarquer tout le monde

● Les craintes que j'ai pour l'avenir se nourrissent des situations que nous commençons à vivre. Enceinte de mon dernier enfant lors d'une canicule à Paris, j'ai dormi dans la baignoire avec de l'eau froide en pensant que dans le futur, les enfants ne pourraient pas rester à Paris.

---

[3] Tahar Ben Jelloun, *Les Arbres racontés aux enfants*, L'Iconoclaste, 2023.

Le Paris de mon enfance, de la bagnole, ne ressemble pas au Paris d'aujourd'hui, où je suis à vélo depuis 15 ans et où il n'y a plus assez de place au feu rouge pour nous cyclistes, tant nous sommes nombreux•ses. Mais lorsqu'ensuite je lis que Paris pourrait atteindre 50 °C l'été, je me dis que malgré les pistes cyclables, les îlots de fraîcheur et les toits peints en blanc, nous n'y arriverons pas.

Paradoxalement, la survenue d'événements climatiques extrêmes chez nous me donne aussi de l'espoir, je suis sûre que nous agirons collectivement car nous serons directement concerné•e•s.

## Le monde d'aujourd'hui est leur monde plus que le nôtre

● Je garde confiance dans ce que l'humanité est capable de faire : mes enfants ne grandissent pas dans le même monde que celui dans lequel j'ai grandi. N'y a-t-il pas une question de perspective de la génération de parents qui n'arrivent pas à envisager le monde dans lequel vivront leurs enfants car ils ont grandi dans d'autres réalités ?



Et si aujourd'hui mon horizon est angoissant, ce n'est pas le cas du leur, car en grandissant avec cet horizon-là, les enfants se l'approprient. Ce monde sera le leur et nos enfants sauront mieux que nous faire avec. Comme nous savions mieux que nos parents faire avec le monde qui s'offrait à nous.

Dans mon enfance, mes parents étaient très angoissés par le chômage de masse, c'était aussi la chute de l'URSS et l'incertitude géopolitique associée, le choc du VIH était énorme. C'était un horizon très différent, peuplé d'angoisses liées à l'époque. Moi j'ai grandi avec le VIH, c'était inquiétant mais nous savions comment nous en protéger, le chômage de masse, nous n'avions pas connu autre chose, donc cela n'a pas pu nous démobiliser. Mes enfants auront aussi une perspective différente de la mienne, et cette perspective-là les fera vivre ces sujets mieux que moi.

En tant que journaliste, une de mes plus fortes préoccupations est celle de l'ère de la post-vérité dans laquelle nous rentrons. J'ai peur que mes enfants grandissent dans un doute permanent, infondé. Il est des vérités comme l'existence du changement climatique qui ne sont pas à questionner.

# JÉRÉMIE PICHON

*“La transition écologique comme la parentalité exigent du temps et de la présence.”*

En 2014, Jérémie Pichon et Bénédicte Moret, parents de deux jeunes enfants, initient en famille dans les Landes un mouvement de réduction des déchets. *La famille presque zéro déchet*, c’est plus de 350 000 livres vendus, des conférences, un jeu et une décennie d’expérimentations autour d’un mode de vie plus écologique, vu depuis l’échelle d’une famille. Aujourd’hui, Jérémie continue de diffuser ses recherches sur le sujet, tout en s’impliquant dans une vie locale.

## Cette vie proche de la nature je l'adorais, même si je ne l'idéalise pas

● Je viens d'une famille du Lot. J'ai grandi entre Lyon où ma mère était institutrice et la ferme de mes grands-parents près de Cahors. Chez eux, nous ramassions les noix à l'automne, nous nous occupions des poules, des lapins et des vaches. J'ai vécu auprès d'eux la vie d'une ferme en agriculture de subsistance, avant l'agro-industrie, et la vie de village qui va avec. J'adorais les foins en été, nous nous levions très tôt, tout le village aidait et le soir il y avait l'accordéon. Cette vie proche de la nature, j'adorais, même si je ne l'idéalise pas.

Passionné de glisse, vers 18 ans j'ai commencé à partir en montagne pour le sport, puis j'ai travaillé dans le secteur socio-culturel, comme directeur de colonies de vacances. Ensuite je me suis orienté vers les sujets liés à l'environnement avec l'association Mountain Riders, qui vise la transition écologique des territoires de montagne. De projet en projet j'ai travaillé avec diverses ONG, d'Action contre la faim en Afrique de l'Ouest au Grenelle de l'Environnement en 2007 ou encore avec l'Alliance pour la planète, une coalition d'ONG.



## Nous jetions chaque semaine à la maison une poubelle entière

● Mes enfants sont nés en 2008 et 2011. À cette époque, la question de faire des enfants en pleine crise climatique, nous ne nous la sommes pas posée, les trajectoires de réduction attendues des émissions étaient bien là, mais c'était moins urgent, moins tendu et peut-être plus supportable psychologiquement. Quand nous avons démarré le zéro déchet en 2014, nos enfants avaient 3 ans et 6 ans, et nous habitions dans les Landes. J'animais des programmes éducatifs sur le littoral européen pour l'ONG Surfrider, avec par exemple des ramassages pour informer sur la pollution plastique, fléau pour la santé humaine, animale et des écosystèmes. Je me suis rendu compte que nous jetions chaque semaine à la maison une poubelle entière qui contenait la même chose que ce que nous ramassions sur les plages. Ça a été un véritable déclic. Nous avons alors déballé la poubelle dans le jardin et observé. Les deux tiers de la poubelle étaient liés à l'alimentation, et le tiers restant à la consommation d'objets quotidiens. Pour démarrer, nous avons fait un compost, ce qui allège la poubelle d'un tiers. Puis, nous avons supprimé les emballages alimentaires, ce qui allège la poubelle d'un autre tiers. Pour cela nous avons quitté le supermarché pour le marché et les producteur•rice•s locaux•les. Les enfants ont vécu cela avec nous. Nous voulions des liégeois, alors nous en avons fabriqué, et c'était encore plus délicieux. Cette démarche a changé notre relation aux producteur•rice•s et aux commerçant•e•s, en créant plus de liens directs avec elles et eux. Elle a aussi changé notre façon d'envisager la cuisine qui est devenue un véritable temps de discussion, de partage, avec les enfants et ami•e•s. Le troisième tiers de la poubelle est lié à la consommation d'objets, et en réduisant celle-ci nous avons réduit nos dépenses et nous nous sommes finalement autorisé•e•s à libérer du temps, en travaillant moins puisque nous avions moins besoin d'argent.

## Reprendre le pouvoir sur le temps est clé

● Pour la parentalité, à mes yeux, la chose la plus importante c'est le temps passé avec son enfant, petit c'est tout ce qu'il demande. Avec leur mère nous avions tous les deux un travail d'indépendant et nous avons choisi de travailler moins, pour être avec eux, jouer avec eux. Comment aurions-nous pu vivre avec nos enfants si nous avions travaillé 50 heures par semaine dans une économie de marché qui demande du surtravail ? Il en va de même pour la transition écologique. Dans mon expérience, plus nous avions de besoins financiers, plus il nous fallait travailler voire surtravailler. Et ce surtravail met une pression sur nos écosystèmes.



Temps libéré et plaisir ! Ce sont mes deux moteurs pour la transition écologique. Du temps pour faire notre potager, cuisiner, vivre ensemble et pour jouir d'une qualité de vie tant familiale qu'environnementale. Du plaisir car nous vivons mieux. Ce temps de la transition écologique, nous l'avons pris ensemble, les parents avec les enfants, comme un temps pour construire un mieux vivre.

Et nous mangeons mieux, les produits sont meilleurs, au goût et pour la santé. Nous dépensons environ 130 euros par semaine au marché, alors qu'en grande surface notre caddie moyen en 2024 avoisinait les 200 euros. En 2015 il ne nous restait donc qu'une poubelle par mois, en 2016 une poubelle en 6 mois et 2017 nous n'avions plus qu'un bocal.

Aujourd'hui mes enfants ont 16 et 13 ans. Nous n'avons pas vécu de moments de rejet de notre démarche de leur part, mais plutôt des expériences fortes en famille.

## Le zéro déchet nous a permis de vivre des expériences fortes en famille

● À une époque nous avons vécu deux années en mobil-home, dans 34 m², dans un camping à 500 mètres de la plage, pour les enfants c'était le paradis : tout le temps dehors et sur leur vélo. Une autre fois nous sommes parti•e•s en camping-car, en vacances, avec le défi de ne remplir qu'un bocal de confiture avec nos déchets en deux mois d'itinérance. Nous avons cherché ensemble des solutions alternatives, comme un jeu de piste, en trouvant par exemple les glaciers artisanaux pour éviter les emballages des desserts glacés industriels.

Cette posture fonctionne pour beaucoup de sujets, les jeux venus de vide-greniers, les habits d'Emmaüs et même le téléphone portable. Je loue un smartphone chez Commown[1], une coopérative à Strasbourg. Je l'ai depuis 6 ans il a été réparé trois fois et il fonctionne très bien. Le but est de le garder le plus longtemps possible.

Pour nos enfants, cela n'a pas été un problème. Aujourd'hui, ma fille aînée suit l'école à distance, elle s'organise seule, fait ses cours le matin et part retrouver ses ami•e•s l'après-midi à vélo électrique. J'ai même l'impression qu'elle vit mieux, qu'elle s'est organisée une qualité de vie bien à elle. Bien sûr, elle et son frère sont bien au courant des enjeux environnementaux de notre monde et de la situation, ils ont vu nos conférences, mais cela ne les angoisse pas de façon pathologique. Comme tous les enfants, ils ont leur vie, celle de leur âge avec leurs ami•e•s et leurs passions : dessin, mangas, vélo.



## Parentalité et environnement, l'influence à double sens

● Je crois que le moment où l'on devient parent est souvent celui où l'engagement se fait pressant, urgent. Surtout pour les femmes. Nous l'avons remarqué dans le lectorat de notre livre *Famille presque zéro déchet*[2] : il y a 85 % de femmes entre 25 et 35 ans. Et c'est aussi ce que j'observe dans les conférences. Je crois malheureusement que c'est beaucoup moins le cas pour la

---

[1] Commown • La SCIC de l'électronique responsable et durable

[2] Bénédicte Moret et Jérémie Pichon, *Famille presque zéro déchet*, Thierry Souccar, 2016.

plupart des hommes[3]. Mais il y a aussi la situation inverse, ce que font les parents de façon très destructrice pour l'environnement, pour calmer leurs propres peurs. Par exemple, la peur que son enfant ne soit pas bien intégré dans un groupe à l'école. Si vous vous laissez envahir par cette peur, vous chercherez une façon de la faire taire avec des achats censés favoriser l'intégration de votre enfant. Cette peur est souvent infondée. Si vous, adulte, n'avez pas le dernier véhicule SUV, est-ce que vous vous sentez exclu•e ? Non, car vous n'avez pas forcément envie d'appartenir à ce groupe-là. Pourquoi en serait-il autrement pour les enfants ou les adolescent•e•s ?

Dans son livre *Démarque-toi !*, Paul Ariès[4] explique que les grandes marques sont devenues porteuses de valeurs. Il faut être conscient•e de cela, de ce mécanisme. Ce n'est pas avec un sweat-shirt Quiksilver que l'on devient bon•ne surfeur•se. Ce n'est pas ce qui se joue là, ni pour les enfants, ni pour les parents.

Quant à moi, après 25 ans d'engagement écologique démarrés chez ATTAC[5] en 1998, je constate que nous n'avons jamais été dans une situation aussi tendue : l'écologie n'est pas dans les médias, le niveau d'engagement institutionnel dans la transition est faible, et les courbes de nos impacts sont exponentielles dans tous les secteurs.

Plus qu'un engagement écologique, je souhaite à mes enfants plus tard d'être en équilibre. Car le bonheur est pour moi un équilibre psychologique, affectif, social, financier qui permet d'être bien au quotidien. Moi, je continue à militer pour une transition écologique qui soit politique, intelligente, locale et concertée, pour enfin partager les ressources avec le reste du monde. C'est cela que va permettre notre engagement : que d'autres ailleurs puissent vivre mieux, à partir du moment où nous ne pillons pas toutes les ressources.



3 La question de la charge écologique a fait l'objet de nombreuses publications, notamment dans une réflexion sur un engagement écologique féministe, qui ferait porter aux femmes la charge de l'engagement écologique que ce soit au niveau du foyer ou au niveau de l'engagement citoyen•ne. La non-rémunération de ces engagements est aussi un axe de recherche abordé par les chercheur•ses des théories du care.

4 Paul Ariès, *Démarque-toi ! Petit manuel anti-pub*, Golias, 2004.

5 ATTAC est une association engagée pour la justice sociale et environnementale qui mène notamment des actions contre le pouvoir de la finance et des multinationales.

# LAURE NOUALHAT

*“Je suis engagée sans avoir besoin d’enfant pour me sentir redevable envers les générations futures.”*

Journaliste environnementale depuis 25 ans, Laure Noualhat a passé 15 années à Libération et a coréalisé des documentaires, dont *Après demain* avec Cyril Dion en 2018 et *PMA, le meilleur des mondes ?* avec Jean Crépu. Elle est l’autrice de *Comment rester écolo sans finir dépressif*, publié en 2020 chez Tana.

## Je suis tombée dans l'écologie par la critique de la science

J'ai grandi à Grenoble, dans une famille de classe très moyenne, resserrée autour d'un noyau étroit : ma mère infirmière anesthésiste, mon frère et mes grands-parents qui tenaient une auto-école en Savoie. À la maison nous ne parlions jamais d'écologie. La valeur centrale, c'était la méritocratie pour essayer d'embarquer dans l'ascenseur social. Il fallait avoir de très bonnes notes. Je me suis un peu trompée de voie au début – j'ai fait une école d'ingénieurs – puis une école de journalisme et je suis tombée en amour de ce métier. Être payée à poser des questions, quoi de mieux pour étancher sa soif de connaissances ? J'ai démarré sur des sujets de technologie, de science, d'internet, puis je suis entrée au journal Libération. À la suite de la canicule de 2003, et de ses plus de 14 000[1] mort•e•s en France, nous avons lancé la page Terre, une page quotidienne entièrement dédiée à l'écologie. C'était une première pour un quotidien de presse nationale.

En farfouillant dans ces sujets, à partir de ma culture scientifique, je découvre alors Hans Jonas et la notion du principe de responsabilité[2], Jacques Ellul et *Le Bluff technologique*[3], je découvre le nucléaire, les OGM, les technologies de l'information, et je m'aperçois que les questions environnementales sont à la croisée de choix scientifiques mais aussi politiques et économiques. Moi, jusqu'alors fan de science-fiction, d'humanité augmentée, lectrice d'Isaac Asimov et de Philip K. Dick, biberonnée aux horizons lointains des possibles techniques, je me fichais complètement des limites planétaires. J'étais peut-être « Muskienne » avant l'heure, mais je ne le suis pas restée ! C'est finalement par la critique des technologies que je suis tombée en écologie !

La page Terre lance un mouvement dans d'autres médias. Nous interrogeons des scientifiques de tous horizons, des glaciologues, climatologues, hydrologues, expert•e•s en énergie… et même des fanas des étoiles ou de grippe aviaire. En tombant dans ces sujets, en comprenant les dégâts causés, je tombe aussi dans une sorte de misanthropie ou de burn-out bio, au choix !



---

[1] Cédric Mathiot, « Combien de morts y avait-il eu lors de la canicule en 2003 ? », Libération, 2018.

[2] Hans Jonas, philosophe allemand, défend l'idée selon laquelle nous avons des devoirs moraux envers les générations futures et envers la nature, d'où son souci d'une éthique pour la civilisation technologique.

[3] Paru dans les années 1980, avant l'arrivée d'internet, *Le Bluff technologique* de Jacques Ellul est un manifeste pour une technique au service de l'humain, et une critique de la rationalisation technique comme fin et non comme moyen.

## Il y a une place dans la société pour les femmes qui n'ont pas d'enfant : la maternité intergénérationnelle élargie

● Je perçois que ma place dans le monde est d'informer. Dans ma tête, je n'ai pas le temps d'être mère : je veux alerter, alerter, alerter. Il est donc hors de question qu'un être vienne me voler mon temps. Ne pas avoir d'enfant, c'était aussi me libérer de ce joug qu'est la maternité, la parentalité. J'ai été inspirée par des femmes qui ont priorisé leur cause politique, peut-être au détriment de leur vie de femme ou de mère, j'ai un grand respect pour cela. Ce n'est pas un sacrifice, ce sont des choix déterminés, conscientisés. Une façon de se demander : « À la fin de ta vie, tu serais heureuse si tu as achevé quoi, de quoi tu serais la plus fière ? » Pour ma part, avoir un enfant ne figurait jamais dans le top 5 !

J'ai fait un vrai travail pour disséquer mon choix et vertébrer mon renoncement, car je voulais être sûre de ne rien regretter. Il n'y a rien de pire que de se retourner dans le rétroviseur et de se dire « mince, je suis passée à côté de quelque chose... ». En 2018, alors que je suis toujours entourée d'ami•e•s avec



poussettes et marraine de plusieurs petites filles, je questionne encore mon lien à la parentalité. J'ai alors 44 ans, j'explore la PMA, avec mon angle écolo, féministe et de gauche pour un film et un livre. De nombreuses amies proches sont soit en train de congeler leurs ovocytes, soit en train de se faire inséminer. Mon enquête dévoile les méfaits de la médecine reproductive et de ce qui s'y joue. Mon livre paraît, enfanté dans la joie, *Lettre ouverte à celles qui n'ont pas (encore) d'enfant*[4] me confirme que jamais je n'en aurais voulu « à tout prix ».

Mon choix est évidemment multifactoriel même si les questions écolos y tiennent une large place. Je précise : peupler la Terre d'un enfant de plus n'est pas ce qui me gêne, simplement je n'ai pas envie de faire monter un être humain dans le monde qui vient. C'est tout. Je pense aussi qu'être mère provoque un amour et une responsabilité inconditionnels. Et je ne veux pas, probablement par égoïsme ou lucidité, vivre dans l'inconditionnel de ce lien.

---

[4] Laure Noualhat, *Lettre ouverte à celles qui n'ont pas (encore) d'enfant*, Plon, 2018. Laure a écrit ce livre et réalisé un documentaire, *PMA, le meilleur des mondes ?* sur le même sujet. Elle y propose une analyse critique des pratiques de PMA et interroge la réalisation du désir d'enfant comme l'un des attributs d'une société de consommation.

J'ai été frappée par les mères féministes, pacifistes, anti-nucléaires des années 70 qui justifiaient leurs luttes au nom de leurs enfants, comme si eux seuls provoquaient la responsabilité de l'action. Je suis engagée sans avoir besoin d'enfant pour me sentir redevable envers les générations futures. Cet engagement est moins évident mais peut-être plus réfléchi et plus altruiste. J'ai beaucoup entendu, « sans enfant, tu ne comprends pas la valeur de la vie... ». Si : une espèce qui disparaît, un paysage mutilé, un arbre de 120 ans coupé pour une autoroute, c'est terriblement bouleversant. Mon engagement se fait au nom de tous les enfants du monde, finalement. Comme l'écrit Mona Chollet dans *Sorcières*[5], il y a une place pour les nullipares qui s'avèrent aussi marraines, tantes, sorcières, *persona non grata* : elles endossent le costume d'une sorte de « maternité universelle élargie » qui se situe dans un espace tout aussi fertile, poétique, affectueux et combatif.

## Faire entendre la voix de celles et ceux qui ont choisi un autre engagement

● Dans son livre *Plan B pour la planète*[6], Naomi Klein raconte un peu d'elle. Longtemps, elle n'a pas voulu d'enfant, puis elle a eu des difficultés pour en avoir. Et son Noé est arrivé. Elle raconte que si elle n'avait pas donné la vie, « ils » auraient gagné. « Ils » ? Ces entités qui font que le monde ne tourne pas rond. Inutile de les lister... Ne pas transmettre la vie, c'était arrêter la vie, dit-elle, ne pas s'inscrire dans cette grande aventure de l'histoire humaine. Pour mes ami•e•s engagé•e•s, enfanter formait une volute d'espoir jetée à la face du monde. Un continuum de possibles, de confiance, de perpétuation. Car une femme qui n'enfante pas met un terme à sa lignée biologique, c'est un vrai choix terminal.



Je ne suis pas mère mais multi-marraine. En côtoyant mes filleul•e•s, je suis arrivée à la conclusion que chaque génération a ses problèmes. Celle de mes grands-parents, c'était la guerre, entrer ou non en résistance. Pour celle de mes parents, c'était la menace de la guerre froide mais le besoin du pavillon à acheter. Nous, c'est un monde dont on sent qu'il bascule vers l'effondrement. Et pour celles et ceux qui ont entre 6 et 22 ans, ce sera (sur)vivre dans un

---

[5] Mona Chollet, *Sorcières : La puissance invaincue des femmes*, La Découverte, 2018. Dans cet essai, Mona Chollet analyse, entre autres sujets, la figure de la femme sans enfants à travers l'histoire.

[6] Naomi Klein, *Plan B pour la planète : Le New Deal vert*, Actes Sud, 2019.

monde à + 4 °C. Ces enfants sont nés en France et ont beaucoup d'atouts pour se débrouiller. Dans certains pays d'Afrique subsaharienne, 40 % de la population a déjà moins de 20 ans. Pas de boulot, beaucoup d'économie informelle, des ressources qui se raréfient, une emprise sur la biodiversité, des événements climatiques extrêmes, de la compétition liée à la surpopulation, leur vie n'est et ne sera pas un long fleuve tranquille. La promesse de vie de ces enfants est très différente de celle des enfants d'ici qui peuvent étudier, accéder à des emplois, et parfois même avoir le luxe de se demander quel sens a leur travail ! Tout est relatif, mais le relatif n'est pas tout.

## Quelles clés proposer aux adolescent•e•s d'aujourd'hui ?

● D'abord de se marrer ! De s'épousseter ! De devenir des geysers de créativité. D'enchanter tout ce qui peut l'être ! Dans mon livre *Bifurquer par temps incertains*[7], j'explore certaines pistes : se former aux métiers de « deux mains » pour se réapproprier des savoirs et ré-apprendre à faire soi-même, du changement de ses plaquettes de frein au badigeonnage à la chaux de ses murs intérieurs. Imaginer un service « mili-terre », comme une année de césure, un temps au service du vivant, formateur, qui fait grandir et comprendre : un stage avec des producteur•rice•s agricoles, des naturalistes, des humanitaires, que sais-je. Ce temps d'expérimentation sans enjeu – mais obligatoire – permettrait peut-être de susciter des vocations ! Cultiver un lien à la nature très tôt permet de devenir de meilleur•e•s humain•e•s, conscient•e•s et défenseur•se•s de ce qui s'abîme. Pour embarquer tout le monde, il faudrait que les héros•ïnes de notre jeunesse s'y mettent également. Que les Kylian Mbappé, Léon Marchand et autres rappeurs à la Jul nous serinent moins avec l'excellence de la performance et s'aventurent dans un retournement de cerveau en faveur du vivant. Mais là, je peux toujours rêver !



[7] Laure Noualhat, *Bifurquer par temps incertains*, Tana, 2023.

# FRANÇOIS GEMENNE

*“Ma responsabilité de parent est de lutter contre le changement climatique, d’être volontaire, je ne peux pas attendre l’espoir pour agir.”*

François Gemenne est chercheur et enseignant en sciences politiques. Il a été l’un des auteurs principaux du 6e rapport du GIEC, et enseigne également les politiques du climat et les migrations internationales dans plusieurs universités.

## Ma mobilisation n'est pas liée à une sensibilité au vivant

● Dès que j'ai été en capacité d'appréhender le monde dans lequel je vivais, je me suis passionné pour la question écologique. À 7 ans, avec mes camarades de classe, nous lancions un journal : Le cri de la nature, pour sensibiliser le reste de notre école à ces sujets. C'est là qu'a débuté ma mobilisation, et cet engagement a toujours été une évidence. Je n'ai d'ailleurs jamais compris les récits de bascule : « J'ai basculé quand j'ai vu tel film, quand je suis allé•e dans tel endroit, quand j'ai vu telle conférence. » Faut-il que vous débarquiez de Mars pour avoir vécu aussi longtemps dans l'ignorance de ce qui est un problème majeur ?

J'ai toujours vécu la question écologique et climatique comme un problème social, politique, économique, ce n'est pas lié pour moi à une sensibilité émotionnelle au vivant. Je n'ai pas un rapport contemplatif à l'environnement. Je ne vais jamais me balader en forêt, cela ne me dit rien. En grandissant, j'ai voulu devenir diplomate, pour travailler à la question des impacts du climat sur les êtres humains.

À 20 ans en stage au sein de la représentation belge à l'ONU, sur les dossiers de développement durable, je me suis retrouvé un jour coincé dans un ascenseur avec l'ambassadeur de Tuvalu. Alors que nous attendions le réparateur, il m'a présenté la situation de l'archipel, le risque de disparition, de migration de la population, de hausse du niveau des mers. Je me suis alors réorienté professionnellement avec une thèse sur ce qu'on appelle aujourd'hui les réfugiés climatiques.



## Comment honorer l'engagement que demandent les enfants et celui que demande l'urgence climatique ?

● Au moment d'avoir des enfants, je ne me suis pas inquiétée de leur venue au monde dans un contexte de crise environnementale. La question que je me suis posée, c'est celle de l'équilibre entre la vie professionnelle et familiale : est-ce que j'allais pouvoir honorer l'engagement que demandent les enfants et l'engagement que demandait mon travail ?

Pour eux, je considère que ma responsabilité de parent est de leur offrir une vie meilleure que la mienne. Cette responsabilité inclut le fait de lutter contre le changement climatique, de permettre qu'on atteigne la neutralité carbone le plus vite possible, de stabiliser les températures pour que les impacts ne s'aggravent pas au fur et à mesure que mes enfants grandissent. À 12, 5 et 3 ans, ils entendent parler du sujet à l'école, dans les médias, je sais qu'ils ont une conscience écologique, sont éveillés à cela, mais je fais très attention à ne pas les traumatiser. Au quotidien, je suis aussi vigilant à ce que mon travail ne déborde pas trop sur la vie familiale. Je fais attention à ce que les moments que je passe avec eux soient consacrés au jeu ou à leurs centres d'intérêt. Devenir père a peut-être ajouté une responsabilité personnelle à celle que je ressentais déjà, qui était détachée des personnes que j'aimais.

Pour ce qui est de l'impact carbone de mon activité, j'accepte que nous soyons imparfait•e•s. J'essaie d'être le plus utile possible, de faire le plus possible. Mais je suis pétri de paradoxes, de dissonances cognitives, comme nous le sommes tous•tes. Je me demande de quelle façon j'utilise la position sociale qui est la mienne, l'influence que je peux avoir, pour convaincre des industriel•le•s, des politiques, de faire des choses. Ces dernières années, je me suis davantage engagé dans des actions concrètes pour décarboner. J'ai d'abord travaillé avec des politiques, j'en suis arrivé à la conclusion que c'était une voie sans issue. Je développe maintenant des projets avec des industriel•le•s, des entreprises, pour réduire leurs émissions. Beaucoup d'autres chercheur•se•s ont pris le chemin de l'action. Nous ne voulions pas rester dans l'étude du phénomène, nous ressentons un devoir d'agir. Certain•e•s se sont ancré•e•s dans l'activisme. Familialement aussi, nous évoluons dans diverses approches : mes deux frères cadets sont encore plus engagés que moi, dans un militantisme plus radical, plus politique et me reprochent souvent d'être trop complaisant et trop nuancé.



## L'action n'a pas à venir d'un espoir, mais d'un volontarisme

● Auprès des étudiant•e•s que je côtoie à l'université, j'observe toute la gamme de réactions et attitudes possibles : je vois celles qui veulent renverser le capitalisme, ceux qui sont en rébellion, celles qui pensent qu'il faut changer le monde, ceux qui sont éco-anxieux, celles qui s'en fichent, ceux qui s'enthousiasment pour tel nouveau vêtement à bas prix. Et je comprends la plupart d'entre elles.

Le message principal que je leur adresse est tout d'abord qu'il y a beaucoup de solutions à mettre en œuvre. Je ne partage pas le sentiment que tout est fichu, et j'aime à croire que d'ici 20 ans, nous aurons quand même résolu le problème climatique. Je pense vraiment que notre génération a le devoir de ne pas baisser les bras et d'adopter une attitude volontariste vis-à-vis de nos enfants ou d'autres enfants. S'il est une chose que la parentalité a changé dans ma réflexion, c'est que je suis beaucoup plus intolérant vis-à-vis des défaitistes. J'y vois une attitude qui inhibe l'action. Or, il y a pour moi dans l'action engagée quelque chose qui relève du devoir, celui de jeter toutes nos forces dans la bataille et de faire tout ce qui est possible pour essayer de régler le problème. Pour moi l'action découle d'un choix, d'une volonté, elle ne nécessite pas d'éprouver un sentiment d'espoir.

## L'enjeu, ce n'est pas de faire parler du climat, c'est de faire agir, et c'est très différent

● Je vois que le niveau d'information de mes étudiant•e•s est de plus en plus élevé sur le sujet. Il y a quelques années, sur 10 questions posées en cours, je pouvais répondre à 8 ou 9 en direct. Aujourd'hui je ne peux plus répondre qu'à 3 ou 4, et pour les 6 ou 7 autres, je me renseigne et je reviens avec les réponses plus tard. Ce sont des questions techniques sur les potentialités de capture du carbone ou l'inclusion de tel ou tel secteur économique dans le marché du carbone.



J'ai vu plusieurs types de sensibilisation au fil des ans : l'information neutre, la peur ou la moralisation par exemple. Je trouve que la peur ne donne pas forcément de résultats fertiles : s'il s'agit de faire peur aux gens pour elles et eux-mêmes, pour leur futur, comment cela peut-il engendrer une éthique d'action collective ? L'information neutre n'a pas non plus donné les résultats escomptés : ce n'est pas parce que nous sommes informé•e•s que nous agissons. Il est naïf de penser que l'enjeu c'est de faire parler du climat. L'enjeu c'est de faire agir, et c'est très différent.

Alors qu'est ce qui peut motiver l'action ? Peut-être montrer aux habitant•e•s des pays riches pourquoi il est dans leur intérêt personnel d'agir. Cela permettrait aussi d'embarquer celles et ceux qui ne sont pas touché•e•s directement par la question écologique. Pour mes enfants, je n'ai pas abandonné l'idée de progrès d'une génération à l'autre et je reste assez confiant. J'ai quand même l'espoir qu'ils vivent dans un monde avec une économie qui soit largement décarbonée, qui serait meilleure que celle qu'on a aujourd'hui. Avec notamment moins d'injustices, moins de travers de l'économie de marché, et qui soit mieux orientée au service du bien commun.

# SOPHIE ROBERT-VELUT

*"Cultiver la joie tout en planifiant un changement ambitieux avec des actions concrètes et des résultats visibles nous motive."*

Sophie Robert-Velut dirige l'entreprise Expanscience qui s'est engagée dans une démarche vers l'économie régénérative. Elle a deux enfants.

## Dans ma culture familiale, l'activité économique sert à réduire les inégalités

• J'ai toujours connu mes parents travaillant dans le secteur social. Donc moi je suis plutôt née dans une culture familiale où le travail a du sens et doit avoir une empreinte positive, ou viser à changer le monde en mieux.

Tous deux à des postes de direction, la culture d'exigence de leurs années de militantisme d'extrême gauche leur a inspiré une forme de rigueur qu'ils ont appliquée dans le milieu associatif dans lequel ils travaillaient. Nous étions dans les années 80, Mitterrand avait gagné la présidentielle, certes la révolution n'aurait pas lieu, mais ils ont cherché à œuvrer à l'amélioration de la société, en s'investissant pour la diversité, l'intégration de personnes en difficulté, contre les inégalités. Ils considéraient l'entreprise et l'activité économique comme des vecteurs d'utilité sociale.

## J'ai compris que nous pouvions encore changer des choses



• Au début de ma carrière, j'ai travaillé dans un grand groupe de cosmétique international, où j'ai tenté de contribuer à des améliorations sur les modes de management, les risques psycho-sociaux liés à un management toxique, etc. C'est aussi là que j'ai découvert les enjeux d'emballage plastique, la crise climatique, l'appauvrissement des sols. J'ai ensuite travaillé pour une marque certifiée bio, nouvellement rachetée par le groupe. Là j'ai découvert la perte massive de biodiversité. Nous étions en lien avec des agriculteur•rice•s du Vercors à qui nous rachetions 100 % de la production. Des contrats bio solidaires existaient alors avec ces coopératives agricoles, j'ai touché du doigt la réalité des métiers agricoles, leurs aléas. Un jour, j'ai eu le sentiment d'être arrivée au bout de ce que je pouvais faire dans cette entreprise, la culture intrinsèque restait la culture d'hypercroissance d'un groupe coté en Bourse. Dans l'entreprise Expanscience que j'ai rejointe, nous sommes 1 200 salarié•e•s dans 13 filiales. Je travaillais sur ces sujets depuis une dizaine d'années quand j'ai participé en 2021 à un programme de formation inter-entreprise qui cherche à faire basculer les entreprises françaises vers une économie régénérative : la Convention des entreprises pour le climat. Dans ce programme je me suis rendu compte que la situation était plus dramatique que je ne l'imaginais, qu'il était bien tard sur l'horloge de la transition écologique, et que nous allions vraiment vivre ces crises de plein fouet. J'ai compris que nous pouvions encore modifier des choses, évidemment, et générer de l'amélioration peut-être dans 20 ans, mais une chose était claire : il allait falloir vivre dans un monde altéré, dégradé. Avant je pensais que nous avancerions par petits pas. Je n'étais pas prête à renoncer à certains produits ou parts de marché. Après ce programme, c'est pourtant ce que j'ai fait. Pour pouvoir me regarder dans la glace et faire ce métier de dirigeante d'entreprise tous les jours, il allait falloir être beaucoup plus radicale qu'auparavant, il fallait que je m'y mette à fond.

## Avec mes enfants, nous cultivons nos joies quotidiennes

● Mes enfants sont nés en 2009 et en 2014. À cette époque, j'avais déjà la sensation d'être engagée dans une résistance à ma mesure, car je travaillais à contre-courant dans une entreprise cotée en Bourse, où la croissance volumique et les profits associés sont prioritaires. Récemment lors d'une conférence auprès d'influenceur•se•s et de journalistes du secteur de la beauté où nous présentions un programme de sensibilisation au climat, plusieurs jeunes influenceur•se•s nous ont dit : « Il ne faut pas faire d'enfant. » La réponse du conférencier m'a fait sourire, et a touché juste : « Si les seules personnes qui continuent à faire des enfants sont les climatosceptiques nous sommes mal barré•e•s. »



Lorsque mes enfants étaient petits, je ne ressentais pas une angoisse de fin du monde. Mais à partir de 2021, j'ai eu un choc : « C'est trop tard. Donc maintenant, il va falloir que je réfléchisse avec mes enfants à comment vivre dans un monde altéré. » Et là j'ai été inquiète, non comme quelqu'un qui se demande s'il va faire des enfants, mais comme quelqu'un qui en a déjà.

Après le COVID, je travaillais souvent en visioconférence depuis la maison, parfois j'étais sollicitée pour témoigner des actions menées dans la firme pour basculer vers une économie régénérative. Et lorsque les enfants passaient, ils m'entendaient régulièrement citer Sénèque, « quand je t'aurai désappris à espérer, je t'apprendrai à vouloir » ou Valérie Masson-Delmotte[1], « on est à un mètre du mur et on a encore le pied sur l'accélérateur ». Ces citations sont intéressantes, pour secouer parfois des adultes installé•e•s dans leurs certitudes. Mais pour les enfants qui les entendaient elles pouvaient

---

[1] Valérie Masson-Delmotte est une paléoclimatologue française, qui a réalisé de nombreux travaux d'explication et de vulgarisation. Elle est aussi autrice du GIEC.

causer un désarroi. Avec mon mari, nous nous sommes alors donné•e•s pour mot d'ordre de ne plus évoquer ces sujets sans l'avoir préparé. Si nous en parlons avec eux, c'est de manière spécifique et c'est pensé pour eux.

J'entends parfois dans mon entourage un avis critique sur les moins de 20 ans qui achèteraient tout et n'importe quoi et passeraient des heures sur les réseaux sociaux. Je m'oppose à ces invectives : si ils et elles ne se posent pas ces questions-là, c'est parce que nous ne les avons pas sensibilisé•e•s au sujet. Pourquoi leur demanderions-nous de faire plus d'efforts que ce que nous avons pu faire ? Nous pouvons avec les enfants porter attention à cultiver une joie quotidienne, parce que le futur, même s'il sera différent, apportera son lot de joie et son lot de tristesse aussi : la cueillette des champignons, les randonnées, lire ensemble, ces activités vécues ensemble nous donnent des forces.

## Je définis un cadre qui normalise la sobriété et les choix faits en conscience

● Dans mon environnement professionnel, chaque équipe a un budget voyage, en tonnes de carbone et en euros. C'est à chacun•e de voir si il ou elle préfère faire un voyage en avion ou quatre voyages en train. L'objectif est que chacun•e reste sur la trajectoire planifiée en matière de décarbonation, avec la possibilité de s'organiser selon ses contraintes.



En famille nous avons revu nos habitudes de consommation : nous, n'achetons plus de bœuf, les enfants peuvent en commander quand nous allons au restaurant. Pour les achats d'habits, presque tout se fait en seconde main. Et si de temps en temps il y a une pièce neuve qu'ils trouvent magnifique, ils peuvent se l'offrir avec leur argent de poche. C'est pareil pour les jouets.

Depuis 6 ans nous avons une chambre en plus pour accueillir une personne réfugiée, grâce au soutien de l'association J'accueille[2]. Nous avons vécu au quotidien avec des personnes différentes, par leurs origines, leur culture, leur passé, leur enfance. Des personnes qui avaient eu un parcours d'exil souvent traumatique. Ces rencontres sont toujours une source de joie et posent dans notre quotidien un regard sur une autre culture, d'autres vies.

---

[2] L'association J'accueille met en lien des personnes réfugiées sans solution de logement avec des personnes qui ont une chambre de libre et envie de partager un peu de leur quotidien et de leur expérience.

## Planifier son action à un horizon accessible, pour voir les changements se faire

La remise en question d'un modèle économique exclusivement basé sur la performance financière doit avoir lieu, au regard des limites planétaires et du plancher social[3]. Il faut expliquer le prix de la croissance infinie : par exemple les effets sur les écosystèmes d'un modèle basé sur l'extraction illimitée des ressources naturelles, ou l'effet sur le soin et la qualité de vie des personnes âgées de la recherche permanente de la hausse des marges dans le secteur des maisons de retraite privées. La question pour les chef•fe•s d'entreprise est de créer de l'utilité dans leurs entreprises et d'inventer des modèles économiques pérennes qui contribuent à réparer ce que les entreprises ont abîmé. On n'a pas à être pour ou contre la décroissance, mais plutôt à se préparer à des décroissances subies, liées aux multiples crises environnementales, géopolitiques et sociales qui se profilent.

Pour contribuer à ce projet d'entreprise, je prends des forces en famille, dans la joie de se retrouver, de faire des choses ensemble, de lire, chanter, jouer. Ces moments et ce cercle sont essentiels pour moi, et je vis pour le plaisir des liens affectifs denses en famille et avec des ami•e•s. Et quand l'action porte ses fruits, quand le bilan carbone baisse, quand un•e collaborateur•rice convaincu•e trouve une idée pour embarquer ses collègues ou ses fournisseur•se•s sur ces sujets, quand un•e collègue contextualise une réunion budgétaire en parlant des limites planétaires, je sens que nous avançons et ça me donne de l'énergie pour continuer.

Je souhaite à mes enfants de vouloir leur vie, et de mener leurs actions dans un temps qui permette une agentivité[4]. C'est aussi une question d'horizon, entre l'immédiateté permanente et le futur flou sur lequel on peut avoir l'impression de ne pas avoir la main. Trouver le bon timing à 2-3 ans à échelle humaine, enclencher et voir les choses se faire. La capacité à être ici et maintenant et à se projeter à une échéance humaine peut amener de l'équilibre dans ce monde complexe et incertain.



[3] La théorie du donut, matérialisé par Kate Raworth, présente la zone juste d'actions pour les activités humaines sous la forme d'un donut, posé entre le plancher social auquel doivent contribuer les activités humaines (éducation, soins de santé, liberté d'association, etc.) et le plafond environnemental.

[4] En psychologie, l'agentivité est la perception de soi comme acteur•rice du monde qui fait arriver des choses, et pas seulement comme quelqu'un à qui il arrive des choses.

# RESSOURCES COMPLÉMENTAIRES

## À LIRE

### Études

Benoit, L., Thomas, I., & Martin, A. (2022), « Ecological awareness, anxiety, and actions among youth and their parents–a qualitative study of newspaper narratives », *Child and adolescent mental health*, 27(1), 47-58.

Chou, D. T., Abelama Neto, E., Thomas, I., Martin, A., & Benoit, L. (2023), « Climate awareness, anxiety, and actions among youth: a qualitative study in a middle-income country », Brazilian Journal of Psychiatry, 45, 258-267.

Thomas, I., Martin, A., Wicker, A., & Benoit, L. (2022), « Understanding youths' concerns about climate change: a binational qualitative study of ecological burden and resilience », Child and Adolescent Psychiatry and Mental Health, 16(1), 1-13.

Rodela, R. « The rise of parent led climate movement from care to climate action », *npj Clim. Action* 3, 101 (2024).

### Rapports



Rapport de l'ONG réseau Action climat pour comprendre à quel point la lutte contre le changement climatique est liée à d'autres luttes sociales, dont celle pour l'égalité des genres : « Diplomatie féministe : un levier puissant de lutte pour la justice climatique », 2024.

Contenu de l'UNICEF : « Talking to your child about climate change, how to engage children on the issue with hope and positivity ».

### Livres

Collectif, *Nos enfants, nous-mêmes*, Hors d'atteinte, 2024.

Tahar Ben Jelloun, *Les arbres racontés aux enfants*, L'Iconoclaste, 2023.

Bertrand Fichou, Marie-Agnès Gaudrat, Marc-André Sélosse, *L'épopée de la forêt en 100 épisodes*, Bayard, 2022.

Corinne Morel Darleux, *Le Gang des chevreuils rusés*, Seuil jeunesse, 2021.

## À ÉCOUTER

Delphine Saltel, Vivons heureux avant la fin du monde, épisode « Comment parler d'effondrement avec ses enfants ? », Arte Radio, *https://www.arteradio.com/son/comment-parler-de-l-effondrement-avec-ses-enfants*

Camille Teste, Encore heureux, épisode « L'éco anxiété est-elle un truc de riches ? », Binge Audio, *https://www.arteradio.com/son/comment-parler-de-l-effondrement-avec-ses-enfants*

Nabil Wakim, Chaleur humaine, épisode « Climat : comment ne pas déprimer ? » avec Laelia Benoit, Le Monde *https://youtu.be/EF9PpGFHCLM?si=7ZpolZqET3va_L6r*

## RESSOURCES PÉDAGOGIQUES

Profs en transition : un réseau crée par Antoine Maldonado et Frédérick Heissat qui propose des activités, angles de réflexion et pratiques, ressources pour les classes et activités.

Des enfants et des arbres : une association qui met en lien des classes et des agriculteur•rice•s pour des projets de plantation de haies et de culture du lien.

## SITES INTERNET DE GROUPES DE PARENTS ET ALLIÉ•E•S ENGAGÉ•E•S



Grands-parents pour le climat France, un mouvement qui existe aussi dans plusieurs pays.

Mothers* Rebellion : un mouvement de femmes actif en Europe et ailleurs dans le monde.

## DANS LA MÊME COLLECTION

Le Monde du **JOURNALISME** face à l'urgence écologique

Le Monde de l'**INFLUENCE** face à l'urgence écologique

Le Monde de la **MODE** face à l'urgence écologique

Le Monde de la **GASTRONOMIE** face à l'urgence écologique

Le Monde du **SPORT** face à l'urgence écologique

Achevé d'imprimer en avril 2025

Retrouvez toutes nos nouveautés et actualités sur www.laplage.fr
Écrivez-nous :
• Pour toute demande ou réclamation : info@laplage.fr
• Pour envoyer vos manuscrits : edition@laplage.fr


58, rue Jean Bleuzen – 92178 Vanves cedex
Dépôt légal : avril 2025
NUART : 6377572
ISBN : 9782383385691/01

Ouvrage publié avec le concours d'Ingrid Kandelman, créatrice de la collection

Direction éditoriale : Ariane Lainé-Forrest
Conception graphique des pages intérieures : Nicolas Gallois
Rédaction des interviews : Jeanne Hénin
Mise en page : ZS studio
Fabrication : Léa Legentil
Responsable marketing et communication : Charlotte Couture (ccouture@laplage.fr)
Responsable partenariats : Dana Lichiardopol (dlichiardopol@hachette-livre.fr)
Droits étrangers : jyip@hachette-livre.fr



Imprimé en France sur du papier certifié sans chlore issu de forêts gérées durablement, avec des encres végétales sur les presses de l'imprimerie de Champagne, un imprimeur reconnu pour ses pratiques respectueuses de l'environnement.